ドクター・ジョージの子育て心理学

IQ わかる子
AQ できる子
EQ やさしい子

鈴木丈織

親学

はじめに

一人ひとりに、それぞれかけがえのない心がある。
人はその心によって生かされている
そして、その心は弱くて、脆《もろ》い。きわめて傷つきやすい。
闇《やみ》の胎内から突然に生まれ、環境におびえ、
陽の世界にあって生きることに戸惑《とまど》い、迷《まよ》う。
心はその誕生から壊《こわ》れやすい本質を持っている。
しかし、心は決して無力ではない。
心は、あなたのすべてを覚《おぼ》えている。
どのように生まれ、どのように傷つき、壊れかけたとしても、
あなたが〝生きようとし、生かされ、そして生きてきた〟すべてを覚えている。

〝知恵〟として覚えている。
あなたの心には、その〝知恵〟とともに〝信念〟が蓄積《ちくせき》されているのだ。

〝信念〟はあなた一人の行為《こうい》によって生まれたものではない。
あなたが母と培《つちか》った〝慈《いつく》しみ〟であり、あなたが父と養《やしな》った〝たくましさ〟である。お互いに認め合い、支え合い、つねにお互いを求め、
差しのべあった二人の行為によって生まれた心が〝信念〟なのだ。

子どもは今、自らの弱さと脆《もろ》さを認めながら、あなたの差しだす手を求めている。
弱さを補《おぎな》い、脆さを支えてくれるあなたの力を求めている。
たとえ、あなたの力が未熟《みじゅく》であり、不十分であっても、
また、決して最善ではなかったとしても、
子どもの心は自分に差しのべられた、あなたの思いを感じとめている。
期待に届かず、あなたが手にすることのできなかったその先へ、
あなたの思いを感じとめ、不十分な満ち足りない不足を自らが補っていく。
心に失敗はない。すべてを〝知恵〟にする。
心は弱く、不安定である。しかし、決して無力ではない。
子どもの心は自らの弱さを認め、受け入れながらも、
補う心はあなたを無条件に信じている。心にはマイナスがない。
その信念が、自らの前途《ぜんと》を力強く歩《あゆ》もうとする勇気となる。

それが〝子育ての愛〟なのだろう。
蓄積された〝知恵〟と〝信念〟が〝愛〟となっていく。
悩みながら育て、戸惑いながら育て。
一生懸命に生きていく。
その姿に親の愛が満ちてくる。
子育ての愛があふれてくる。

子どもを守り育て続ける以上、その悩みや迷いは続いていく。
その悩みで〝愛〟が決まるのだ。
あなたの子育てがあなた自身の愛を深め、
子どもにあなたの愛が蓄積《ちくせき》されていく。
〝知恵〟と〝信念〟が〝愛〟となり、
〝勇気〟を培っていくのだ。

弱く、か細《ぼそ》く、心もとない心である。
しかし、心は無限の可能性を秘《ひ》めている。
心にマイナスはない。
心に失敗はない。
後退も無気力もない。
心はつねに躍動《やくどう》している。
心は喜びを模索《もさく》している。
つねに知恵に満たされ、信念にあふれている。
心に孤立《こりつ》はない。
つねに愛に満たされ、愛にあふれている。
心はつねに愛に導《みちび》かれている。
それが子育ての本質なのだ。

それが子育ての〝愛の力〟なのだ。
あなたから子どもへ途絶《とだ》えることのない親学、〝愛の力〟なのだ。

心はそのすべてを覚えている。
心はそのすべてを蓄積している。
心はそのすべてを発揮《はっき》しようとしている。

心はかけがえのない存在となる。
その心に人は生かされている。

平成十九年一月

Dr.鈴木丈織

ドクター・ジョージの子育て心理学

わかる子・できる子・やさしい子

●●●もくじ●●●

第5章 〝やさしい子〟への誘い（EQ・情緒開発のメカニズム）――169

表紙カバーイラスト・本文イラスト／白髪エイコ
装幀・本文レイアウト／澤井慶子

第1章

“うちの子、一番”ステージ理論

可能性は潜在的《せんざいてき》に内包されています。想像してもなお想像しきれないほどの大きな可能性です。まだ発揮されていませんが、しっかりと内に秘めています。可能性として私たちは確実に持っているのです。

〝うちの子、一番！〟といつも声に出して叫びたくなるような愛情をもって子どもにたくさんの好影響力を与えていきましょう。あなたが意識さえすれば、かならずその方法にひらめき、影響力《えいきょうりょく》は好転していきます。

〝うちの子、一番！〟の信念は、その力強い意味と力で子どもに届きます。あなたから子どもに向けられた愛情表現も、その愛らしい意味と力で伝わります。まして、あなたが語る希望の言葉は、その表現どおりに希望の実現の一歩となって今をつくりかえていくことになるでしょう。

あなたの子どもへの〝思い〟は、すべてあなたと子どもに対するイメージでしかなかったものを実体化していく力となっていくのです。

苦境に立ったときこそ、その〝思い〟をいっそう強く心にいだきましょう。

それが人間形成の原点になるからです。

人には、それぞれ個性があります。それは、個々の〝実力の差〟といってよいかもしれません。だれもが持っている潜在的な可能性を状況にあわせてどれくらい実力化し、発揮できたかが大切なポイントになります。

能力はだれもが等しく持っていても、発揮の度合いには差が出てしまうのです。〝とりあえず、やっておこう〟というのと、〝絶対やりぬくぞ〟では、その発揮の効果が違ってくるのは当然です。

子どもたちは学校で同じ先生から、同じ環境で、同じ内容の授業《じゅぎょう》を受けます。でもその成果には差が生じてきます。トップの子もいれば平均の子もあり、ビリから数えたほうが早いという子どももいます。

どうしてこのような差が生じてくるのでしょうか？　遺伝的《いでんてき》な頭の善《よ》し悪《あ》しなのでしょうか。それとも親の教育方針や方法論によるものなのでしょうか。

この実力の差は、あなたの〝思い〟のレベルの差です。それによって子どもへの影響の差として現れるものだと思ってください。あなたの〝思い〟が子どものレベルを上昇させるのです。つまり〝思い〟のレベルの差は、子どもの今いるステージを押し上げるエネルギーの差なのです。あなたの強い〝思い〟と子どもの努力によって変わっていくものなのです。

人間形成の原点はつねに上昇させ、創《つく》り変えていくことができるものです。生まれたときから確定し、固定しているものではありません。努力したら、した分だけかならずステージアップしていくのです。

そして、そのステージには人間形成の柱となる三大要素がしっかりと存在しています。

一　知能（ＩＱ）考えてわかる力
二　資質（ＡＱ）認めて発揮する力
三　情緒（ＥＱ）感じて行動する力

知能が活性化すれば〝わかる子〟になり、資質《ししつ》が磨《みが》かれれば〝できる子〟になり、情緒《じょうちょ》が開発されたら〝やさしい子〟になるのです。

この三大要素を支えているステージを上昇させ、強固にするためには、次の五要因が必要になります。

1　感覚的運動要因
2　感情的行動要因
3　表現的思考要因
4　目的的操作要因
5　知的創作要因

これらの五要因は、胎児期《たいじき》から準備されているもので、基礎はすでにできあがっています。ただし、できあがっているだけで、まだ作動していません。

作動のきっかけは、あなたの子どもに対する〝うちの子、一番！〟の思いです。

五つのエンジンを持った飛行機を想像してください。飛行機の推進力はエンジンの噴射《ふんしゃ》によって行われます。ふつうの飛行機と違うのは、これらのエンジンは上昇に伴《ともな》ってエンジンが一つずつ噴射し始めるところです。しかも徐々に消えることな

すごい!
じょうず!
MAMA
BOKU
しっかりしてる!
がんばりや!
かわいい!

くあなたの影響を受けて、次第に強くなっていくのです。その影響の中には、〝知能、資質、情緒〟の三大要素のパワーアップという点も基礎力としてかかわっているのです。

最初に噴射するのは、**感覚的運動要因**のエンジンです。このエンジンは、生後まもなく噴射し始めます。

〝うちの子、一番かわいい！〟というあなたの思いがきっかけです。六か月くらいで六〇パーセントくらいまでパワーアップします。

そのころになると、**感情的行動要因**のエンジンが噴射します。

やはり、〝うちの子、一番がんばり屋！〟というあなたの思いがきっかけです。そのエンジンは二～三歳くらいに六〇パーセントに達します。

次に**表現的思考要因**の噴射です。〝うちの子、一番しっかりしている！〟というあなたの認め方、子どもへの関心度がきっかけです。ほめられ、認《みと》められることによる影響力でしょう。四～五歳で六〇パーセントに達します。

そして、**目的的操作要因**の噴射となります。〝うちの子、一番じょうずだ！〟。できた喜びをあなたから気づかせてもらうのがハイパワーになるポイントです。

そして、最後に**知的創作要因**の噴射です。〝うちの子、一番すごい！〟。

あなたの期待感あふれる自信です。十歳くらいまでに六〇パーセントとなるでしょう。

これで全部のエンジンが噴射し、飛行機の推進力もグンとアップしました。そのまま上昇を続け、八〇パーセントくらいになる十二〜十五歳くらいからは穏《おだ》やかな上昇となっていくのです。

最終エンジンが噴射してから五つのエンジンがフル回転し、最高の推進力をつねに発揮できるように、子どもへの〝思い〟を持ち続けましょう。

ステージアップすることで、高度に磨かれた感性と能力発揮の知性が獲得《かくとく》できます。それぞれのエンジンの噴射力にはちょっとずつ違いがあります。途中、途中で次のエンジンが噴射するのです。それが個性の原点でもあります。しかし、ステージアップは、五要因すべてで行われます。もしどれかのエンジン噴射が弱くても、別のエンジンがカバーすれば問題はありません。

1　感覚的運動要因　～かわいい～

子どもがまだ赤ちゃんだったころを思い出してみましょう。赤ちゃんのちいさな手にあなたの指を入れてみると、赤ちゃんはキュッと握《にぎ》りしめたでしょう。触《ふ》れたらつかむという行動をパラシュート反応といいます。反射で握った行動ですが、あなたが握られた指をそっと開こうとすればどうなったでしょうか？　赤ちゃんは、より強く握ってきたでしょう。開こうとする指を強くつかもうとするのは、感覚です。反射で握ったものを感覚に高めていくのが意図的教育であり、影響力なのです。

また、光を受けると赤ちゃんは目を閉じます。その光を断続的《だんぞくてき》に当ててみたり、

回してみたりと動きを加えてみると、赤ちゃんは光を追うように見つめるようになります。これも反射行動から感覚へレベルアップする刺激《しげき》になります。

赤ちゃんにとって何らうれしくない刺激かもしれませんが、感覚の幅《はば》を広げ、資質要素が磨かれていきます。多くの興味、関心を持たせるような刺激を、積極的にいろいろ工夫《くふう》して与えてあげましょう。触れたらつかむ、口に含《ふく》んだら吸う、傾《かたむ》いたら手をつく、光を見たら目を閉じる、などの反射的反応を利用しましょう。そして、それを一つずつあなたがしっかり確認すると、かならず〝とってもかわいい〞と感じるでしょう。

あなたが、感覚的運動要因を活性化させる自覚を持つことがポイントです。子どもに「かわいいね」「かわいいよ」と何度でも言ってあげましょう。子どもは赤ちゃんのときのように力いっぱい生きぬく強さを奮《ふる》い立たせてくるでしょう。

感覚は、あなたとの直接的触れ合いが基本です。

〝かわいい〞と思ったときのあなたの表情、肌、語調や声はどうなっていますか？　潤《うるお》いに満ち、滑《なめ》らかになり、やさしさにあふれたものになっているはずです。そして、内側からわき上がる躍動感《やくどうかん》に、躍動せざるをえなくなる運動力が発生してくるのです。

2　感情的行動要因　～がんばり屋～

子どもの感情表現の中心は何でしょうか。それは、〝音と動き〞です。言葉とい

うより〝声と動作〟です。

子どもの喜怒哀楽《きどあいらく》の表現は声の強弱、動作の激しさ穏やかさに現れます。それは、はっきりとした違いで表現します。横暴《おうぼう》と柔和《にゅうわ》さを使い分けているのです。

その感情にあなたが応《こた》えて反応すると き、子どもの感情の起伏《きふく》は快方向に向かって作動を繰り返します。そして、もっと効率性を求める言葉や動作に関心が向けられていきます。

もし、あなたが子どもの表現を無視したらどうなると思いますか？

子どもが泣いたり、ぐずったり、叫ん

でダダをこねてアピールしているとき、あなたが何一つ子どもの欲求に応えず、無視していたらどうなるでしょう。

子どもはさらに大声で泣き、叫び、ダダをこねて、ジタバタするでしょう。それを繰り返してもまだあなたが脅《おど》したり、無視を続けるとすれば、もう子どもは努力をやめてしまいます。座《すわ》り込んだまま力を出さず、泣いたまま眠ってしまうのです。感情をあなたに訴《うった》えることも放棄《ほうき》してしまうはずです。

子どもは〝無気力〟に陥《おちい》ったのです。疲れて眠ったのではなく、自己納得《なっとく》したわけでもないのです。ただ無気力になってしまったのです。

黙《だま》って眠っていれば無視されて心を傷つけられることがないからです。感情の遮断《しゃだん》をするのです。

あなたは、このような積極的無気力を子どもにさせてはいけません。

あなたが、感情的行動要因を活性化させる自覚を持つことがポイントです。

子どもが全身で訴えている感情表現を肯定的《こうていてき》に認めてあげることです。認める第一歩は、すべての表現に対して〝がんばってるね〟の一言《ひとこと》です。その言葉が開始のきっかけになるのです。子どもの欲求や要望に応えてあげる気持ちやあなた自身の感情を言葉にして投げかけてください。

「ママだって悲しくなる……！　ちょっと待っててね！」

「一生懸命やってるのよ。そんなに泣かないで。もっとよい方法を考えようね！」

という具合です。

子どもには難《むずか》しいと思う表現を使っても構《かま》いません。意味がわからなくても伝えてみましょう。子どもに向けられている、という気持ちは伝わります。あなたも一緒になって無気力になったり、放棄してはいけません。

活動力はどんな状況でも感動を共有しているあなたの影響力で、発揮できる勇気を獲得《かくとく》していくのです。

3　表現的思考要因　〜じょうずだね〜

私たちはよく考えます。考えるためには何をいちばん多く使うでしょうか？　ただ、ボーッとしたままで考えることができるでしょうか？　できませんね。〝言葉〟を使って考えるのです。

人は個性発揮を大切にしますが、個性の確定は〝真似《まね》〟から始まるものです。真似は表現法の一つです。

人には欲望《よくぼう》があります。その欲望があると、欲望を満たすために思考が生まれます。欲望をよりよく満たすためにどうすればいいのか！　と私たちは考え始めます。そして、表現を始めます。生理的反応表現から思考的言葉の表現をして、感情を整理し、認められることで意欲と言葉が増え、言葉数も増やそうとします。

できる人の真似をして、それを認められ、ほめられることで個性は確立していく

のです。お母さんの笑顔《えがお》や周囲からほめられることは心地《ここち》よい刺激となり、上昇要因となっていくのです。
あなたが、表現的思考要因を活性化させる自覚を持つことがポイントです。
言葉を豊かな表現のシャワーのように子どもに与えてあげましょう。
子どもはまずあなたからの表現、快刺激を的確に体験し、蓄《たくわ》えていきます。ちょっとオーバーな表現も大切なポイントです。〝うれしい〟という表現をするなら、言葉で「うれしい」と言うだけではなく、うれしさを体いっぱいに表してください。

声の調子、質、張りなどもやや大げさに、そして、表情、手の動き、全身を躍動させて〝うれしさ〟を表現してみましょう。

子どもはすぐに学び取って真似るでしょう。あなたと同じようにできなくても、子どもの表現力の豊かさ、思考力の深さにつながります。同じように、悲しさも怒《いか》りも少しオーバーに表現してみましょう。

「じょうずだね！」

「大したものだ！」のほめ言葉は思考を展開させる基本の力となります。ほめられた心地《ここち》よい刺激は未知へと向かうエネルギーとなっていくのです。

4　目的的操作要因　～できたね～

〝目的を明確にして自分をつくりあげる〟ことは、意外に難しいことです。なぜなら、努力や結果に対して私たちはかならず評価をしてしまうからです。さらに集

団生活をすればするほど比較の中で、自分の評価を客観的に見せられてしまいます。

子どもが〝よ〜い、ドン〟で競走したときに、あなたの子どもがビリだったとしても、あなたはわが子を心からほめられますか？

「私もいつもビリだったのよ」とか、「ダメな遺伝子かもね……」という諦《あきら》めはできますが、諦めは子どもへの侮辱《ぶじょく》です。あなたのそのような心が伝われば、子どもは傷つき、落ち込みます。そして、二度と走りたくないと思うでしょう。走らなくてすむようなウソをつくかもしれません。足が痛い、お腹《なか》が痛いと訴えてくるかもしれません。

子どもはどのような場面でも絶対に自分の味方をしてくれるあなたの存在を、きちんと認識《にんしき》できることで、次へ向かう鋭気《えいき》を養うことができるのです。その基本は、自分の傷ついている心、戸惑《とまど》っている心を無条件に受け止め、認めてくれる〝あなた〟の存在です。

さらに、〝できたこと〟を認めてよろこんでくれているという実感があれば、レベルアップしていきます。あなたに認められなければ、子どもは行き場がなくウソを覚えます。ウソがあなたの心を操作《そうさ》し、自分の好きな状況を獲得するための手段にしようとするのです。

あなたからの非難の目を避《さ》け、つらい思いをしなくてすむために、ゆがんだ知恵を発揮することに必死になるのです。

あなたが、目的的操作《そうさ》要因を活性化させる自覚を持つことがポイントです。

ウソによる操作力を高めるのではなく〝認めて、ほめて〟操作力をレベルアップさせましょう。ビリになった子どもは、足の速さがビリだっただけです。最後まで粘《ねば》り強く走る持久力はビリもトップもなく発揮できました。一定の距離《きょり》を集中して走ることもできました。結果に差はあったけれど、力いっぱい参加することもできたのです。よく見つめてみると〝できたこと〟がたくさんあるのです。

私たちが体験的に教えられた価値観から、あなたの親子独自の価値観を目的的につくりだしましょう。目に見えるものだけ、競争できるものだけでの勝ち負けの評価はよしましょう。努力や準備など、目に見えないものの豊かさを見つめましょう。あなたが〝できたもの〟を発見して子どもに指摘《してき》してあげましょう。

価値の視点を操作的に置き換《か》えてください。

5 知的創作要因 ～すごいね～

創作性は、無から有を生じさせることを可能にします。

操作性は、自分で何かあるものを利用し、それを転化させながら目的を強引《ごういん》にでも達成させていこうとする自我ですが、創作性は、何もないところから、自分の考えだけで創《つく》り出していく力になるものです。

子どもの創作は、ときどき事実が歪曲《わいきょく》した形で伝えられることもあります。まるで本当にあったかのように話が創られます。目的達成のためでもなく、保身のためのウソでもありませんが、現象が微妙《びみょう》にズレるのです。

私たちは想像と現実をきちんと区別していますが、子どもはそれがいっしょになっているのです。子どもの頭ではすべて本当のことなのです。

あなたが、知的創作要因を活性化させる自覚を持つことがポイントです。

あなたは子どもが得意げに話すとき〝またか〟と顔をしかめないことです。「それでどうしたの?」「それからどうなるの?」と考えさせ、そして、「すごいね」と感動を示してあげましょう。さらに創作意欲をあおってあげましょう。

子どもに無意味なイタズラはありません。それらを繰り返すうちに学習力が集約されて、成果達成への時間短縮や工夫《くふう》が高まっていくからです。「すごいね」の感動をつねに新鮮《しんせん》な思いで与えてください。子どもの豊かな創作力は、実利的なものでも打算的なものでもありません。純粋《じゅんすい》で素直《すなお》な夢であるものが多いのです。あなたの思いもつかない方向での展開を素直に驚《おどろ》いて、その思いをあなたも素直に表現したらよいのです。

あなたも子どもとともに素直に「最善よりももっとよく（モア・ザン・ベスト）」の心で発達を目指していきましょう。子どもを育てていると思っていても、実は、私たちが子どもに育てられているのかもしれません。
子どもとともに発達し、成長、変身することが、つねに知的創作の基本なのです。

第2章

子どもの不思議、成長の不思議

◆上手にかかわろう十歳の節目～
「従順」から「挑む心」への切り替え時期

子どもは毎日泣いたり、笑ったり、ドタバタを繰り返しています。特別変わったこともなく〝自然の連続〟が積み重ねられ、自由奔放《ほんぽう》に生きながらつねによりよい方向に向かっているかのように見えます。親は、このままのびのび成長してくれたらきっと〝いい子〟になるにちがいない、と期待します。

しかし、子どもはいくつかの節目《ふしめ》を通過しながら成長していることを見逃《みのが》してはなりません。心の成長は自然なカーブを描きながら徐々《じょじょ》に成長するのではなく、階段のように平板なところと段差のところがあるのです。段差にさしかかると、グンと上がって一段、一段大人《おとな》に近づいていきます。その段差にあたる節目のときが重要です。子どもの自由にまかせ、自然のままであれば、むしろ子ども本意の勝手な心のまま成長してしまいます。そのままではゆがみを生じることもあり、順調な成長になりにくいことを、親としての私たちは認識する必要があります。

人間には、〝よりよい今を創りながら挑《いど》んで生きる心〟があります。それを〝アテイス（挑む）の心〟と呼んでいます。この心をいかに引き出すかが大切です。言い換えれば「順応《じゅんのう》」ではなく「創造」の生き方

をどう確立するかです。さまざまな社会や異なる文化のなかで目標が違ってくれば最善のあり方も変わります。だからこそ、子どもの周囲の環境と個性の相互影響をよく見極《みきわ》めて、どのように子どもをよりよい方向へ導《みちび》いていくかが重要になってくるのです。もっとも身近にいて力を貸してあげられるのが、親なのです。

子どもの成長を親がリードしていくうえでターニングポイントになる時期は十歳ごろにやってきます。それから二、三年を費《つい》やしてステップアップしていくのです。

子どもは、生きぬくことに貪欲《どんよく》です。

最初は「従順《じゅうじゅん》」がキーワードです。親の価値観や主張の意味も考えず、そのままを受け入れていきます。それは保護されなければ生きられないことを生命が知っているからです。だからこそ、あらゆる工夫をして親のどのような言動にも従っていくのです。そこには評価もなく、批判もありません。事の善悪などとは無縁に親を受け入れ、そのとおりにやろうとします。

また、ある意味でしたたかと言ってよいくらい、〝生きる〟ことを工夫しています。赤ちゃんは赤ちゃんなりに〝人〟に微笑《ほほえ》み、泣いて自分に関心をもってもらうように動きます。三歳くらいになれば、さまざまな体験を自分に有利に解釈《かいしゃく》して投げかけてきます。

例えば、親戚《しんせき》の結婚式に出席した女の子は、感動の涙のシーンを〝結婚式は親を悲しませる場面〟と理解し、親が自分の言うことを聞いてくれないときに「もうお嫁《よめ》に行っちゃうからね!」「いいの!?」とキメ台詞《せりふ》で〝脅《おど》す〟知恵を働かせます。また、五歳くらいになれば、親が自分の欲求を満たしてくれないと平気でウソをついたり、他人のものを黙《だま》って持ってきたり、というような悪いことも自分本位に正当化してやってしまうことがあるのです。これを野放《のばな》しにしていたらどうなるでしょうか。

そして、さまざまな日常の体験の積み重ねから「従順」に変化が現れるのが十歳ごろです。自我が確立し始め、認識力が高まり、自立の心が台頭してきます。

学校から帰ってきたらバタンと扉《とびら》を閉《し》めて自室に閉《と》じこもっている。「カサを持っていったほうがいいわよ」「アイロンかけたこっちのシャツを着ていきなさいよ」と言っても、ブスっとするか、「うるさいな～」としか言いません。親にしてみれば急に「反抗的」になった、と思われるかもしれませんが、これは次のステップへの目覚《めざ》めなのです。

そうなってからのキーワードは「素直」な純粋さです。どのような刺激《しげき》でも、一度はそのまま、あるがままに受け止める姿勢《しせい》が素直さです。そして、その後に自《みずか》らの自覚で照合《しょうごう》し、自分にとって、環境や周辺にとって、目標達成にとってベストは何かを

模索《もさく》することを始めます。この模索を経て、よりよく生きる〝アティス（挑む）の心〟が十〜十三歳ごろに確立するのです。

この「素直」さがなく、いつまでも自分本位のみの考え方で反社会的な行為を正当化しては困ります。この時期は、ちょうど小学校五、六年生のころと一致します。親以外にも〝教師〟という大きな影響力が子どもには与えられています。そのうえで、「従順」から「素直」な心へ、親が子どもをリードしていくための五つのポイントをまとめてみましょう。教師との相互協力の姿勢を持ちながら子どもにかかわっていきたいものです。

◆「素直」な心へ子どもを導く五ポイント

①何が面白いのかを尋ねてみる

どんなことにも自分の可能性を試《ため》してみたい時期です。そして、ちょっと挑戦すると、何でも自分なりに工夫して上手《じょうず》にできるようになる時期です。テレビゲームでも、勉強でも、子どもなりに興味や関心をいだいていることに対して、親も関心をもってあげましょう。結果ばかりに気を奪《うば》われず、子どもがそのものの何を面白《おもしろ》く思うのかを確認しましょう。

「これはどういう仕組みなの？　どういうところが楽しいの？」

——「いつまでやってるの？」と批判的な口調《くちょう》ではなく、好奇心に満ちた口調で子どもに尋《たず》ねてみましょう。面白さは価値の表れです。

② 〝拡大〟を意識しながら会話する

子どもはうまくいったときは得意になるものです。小さな成功でも機嫌《きげん》がよくなります。自分の可能性を確信し、それが自立への心をより促進《そくしん》させるのです。ただほめて、有頂天《うちょうてん》にさせるのではなく、さらに大きな可能性に挑戦し、確信を自信につなげてあげましょう。

「それはいい考えだね。それを実行するには、ほかにどんな準備をしたらいいかな？」

「なるほど！　その次はどういう展開に

なるの？」

――現状をもとに展開を想像させ、〝拡大〟を意識した言葉を投げかけながら会話しましょう。先の展開を教えるのではなく、子ども自身が自由な発想を、さらにふくらませることができるように、ヒントを出してあげましょう。

③共感して整理する

子どもは一点集中型です。複数の視点に、同時に興味を持つことは苦手《にがて》です。しかし、着眼点《ちゃくがんてん》や思考のポイントが一点とは限りません。興味のあることを子どもが生き生きと話すときは、子どもの目を見て、うなずいたり、あいづちを打ちながらそのまま受け止めてあげましょう。一生懸命聞いてみても言っていることがよくわからないときがありますが、子どものあれこれ、バラバラに話す内容や説明に矛盾《むじゅん》があったとしても、それを指摘しないことです。あくまでもそのまま受け入れてあげましょう。それが「共感する」ということです。そして、子どもの意見と結論をポイントにまとめ、整理してあげましょう。

「あなたの考えは、これ、これの三つでいいの？　だから、こういう結論になるのね。しっかり考えたわね」

「あなたのいちばん言いたいことはこういうことなんだね。よく気がついたね」

――子どもの言うことをそのまま共感して受け止め、考えを整理して示してあげましょう。子どもの視野の拡大と論理的思考の訓練につながります。

④思い出話で気分転換する

子どもにとって思い出の主人公は自分

でも、登場人物は一人だけではありません。あなたとともに在《あ》ることが重要なのです。愛され、守られていることをつねに安定感として確認していたいのです。自立への憧れは不安とともにあり、憧《あこが》れに比例して不安も大きくなっていきます。これから新たな成長へ移行するときこそ、安定感を求めます。

押入れや物置の整理を「ちょっと手伝って」と誘い、写真や昔の本、グッズなどを一緒に見る機会をつくりましょう。

「懐《なつ》かしいね。そうそう、こんなときもあったね」「この旅行は楽しかったよね」

「この絵本が大好きだったよね。何回も何回も読んであげたのよ」

――楽しい会話のひと時を持ちましょう。よい気分転換になり、子どもの心もリラックスします。口ではうるさく言われるときがあっても、本当はとても愛されているのだ、と確信できます。その安定があるからこそ、未知への挑戦ができるのです。

⑤ 否定語を可能語に変える

子どもは何の根拠《こんきょ》もないのに直感と好き嫌いの感情で、すぐに否定語を連発します。「え～できない」「いやだ～やれないよ」

「わからない」と結論を先に言ってしまえばもう努力しなくてすむと思っているのです。

否定語を可能語に変えましょう。

「大丈夫よ。こうすればできるから」

「だれだって初めてのことはうまくできないよ。でも、挑戦してみようね」

子どもは経験的に何度も同じことを繰り返し、失敗の連続で成長してきていると感じています。繰り返しているうちに上手になることもよくわかっているのです。

だから、可能性があることは十分認識しているのです。

〝言葉の助け舟〟を上手に出してあげましょう。

◆欲望が才能を磨く　〜五感にどんどん刺激を与えよう

人間の心の不思議さに〝欲望〟があります。その欲望は、人間にとってなくてはならない心の作用なのです。赤ちゃんも子どもも、大人たちも、これは共通しています。もちろん、欲望のレベルは年齢や性別によって個人差が生じてきます。〝欲望〟は、人間の〝才能〟を磨いてくれる働きを持っています。あなたは今、ほしいものがいくつありますか。

「はい。私にはアレとコレと……こんなにたくさんほしいものがあります！」と言えるでしょうか。「えっ、ほしいもの？　特にありません。今のままで十分満足しています」

――これでは、心の機能がまったく働かない状態になってしまうでしょう。

例えば、「時計」がほしいと思ったとき、あなたにどんな変化が起こるかを考えてみましょう。朝夕新聞広告が待ち遠しくなり、普段《ふだん》と違って先に広告を手に取る。さっと見るだけで瞬間的に目指すチラシを見極める。一週間前に見た広告の価格や種類、特徴まで覚えていて、すばやく比較検討する。道を歩いているときにも、脇《わき》に積まれているゴミの束《たば》から時計のチラシが見えているのを目ざとく見つけだし、そこに立ち止まって見続けてしまう……。

　気づいていますか？　あなたのほしいものが明確になったというだけで、優先順位の「決断力」、見極める「感性」、年齢に関係のない「記憶力」、さらにただのゴミさえ「情報化」することができるのです。〝健全な欲望〟はただだいだいただけで、あなたの才能をそのレベルにまで磨いてくれます。ハングリー精神が脳をフル回転させるのです。

　子どもも同じメカニズムを持っています。欲望を喚起《かんき》すればするほど、才能を発《はっ》芽《が》させることができるのです。子どもは目新しいものに興味を示します。だから、欲望を喚起させることなど、放《ほう》っておいても子ども自身でやっているだろう、と安心してはいけません。子どもはもともと好奇心に満ちた存在だと思われがちですが、モノが豊かな時代に生まれた子どもたちは状況が変わってきているのです。

　最近は子どもを対象に、経済や社会のしくみを体験的に教えることが盛んです。大人になって失敗しないように、子どものときから金銭感覚を身につけさせたいと

いう、親心《おやごころ》かもしれません。金銭教育の是非《ぜひ》より問題なのは、そのような講座を担当しているファイナンシャルプランナーも戸惑《とまど》いを持つことが起こっている現状です。

「ほしいものを書き出してみましょう。お母さんも一緒に書いてみてください」というと、真っ先にえんぴつを走らせるのはお母さん。子どもたちはというと、数分たっても反応がありません。一生懸命〝ほしいもの〟を考えてはいるのですが、一つも思い浮かばないのです。悩んだ末に「お金」と書く子もいるそうです。経済格差はあるとはいえ、モノが豊かな時代に生まれた子どもたちは、〝ほしい〟と思う前に周囲に何でもそろっているのです。

また、少子化の時代には一人の子どもは六つのポケットを持っているといいます。子どもがほしがる前に親や祖父母がモノを買い与えてしまうのです。ほしいものがあるからこそお金が必要なのに、本末転倒《ほんまつてんとう》です。これでは才能が引き出されるどころか、まったく頭を働かせる状況を奪ってしまうことになってしまいます。

そこで、いかに子どもの欲望を喚起すれば、才能を発芽させることができるのでしょうか。それには、子どもの五感に、子どもがほしがるようなものを訴えてあげることです。

視覚を通じていちばんの喚起になるのはあなたの笑顔です。あなたのやさしい微笑《ほほえ》みで、〝あなたをもっと見ていたい〟〝あなたをやさしく見守りたい〟。そんな刺激を一日に何度も与えてください。兄弟姉妹がいても一人ずつの子どもと同じ目線で、しっかり子どもの目を見てニッコリ微笑みながら毎日ほめたり、激励してあげましょう。

聴覚《ちょうかく》を通してのいちばんは、あなたとの会話です。音楽も一つの手段です。さまざまなリズムや音色を聞かせ、自分でも演奏の体験をさせるとよいでしょう。「学校で習《なら》ってきた歌を教えて」「一緒に楽器でやってみようか」と促《うなが》し、直接的な触れ合いも多くすると、触覚《しょっかく》との協調効果が得られます。触覚のいちばんは、もちろんあなたの肌の温《ぬく》もりです。嗅覚《きゅうかく》は、あなたの香りがいちばん安心できるはずです。たっぷり与えてください。味覚は、好きなものを中心にしながら、新しいものを体験させる機会をつくりましょう。

料理を一緒に作って食べるのは脳の活性化に非常によいことです。食器を並べるお手伝いだけではなく、野菜の皮むきなども一緒にさせましょう。さらに、野菜嫌《ぎら》いの子どもには、きゅうりやナスの栽培から一緒にやってみましょう。自然との触れ合いは、五感の刺激そのものです。好き嫌いもなくなっていくでしょう。

◆知覚の不思議　～知れば知るほど見えてくる

トンボの世界は、どうやら多角形で幾何学的模様《きかがくてきもよう》のようです。原因はトンボの目が複眼《ふくがん》で、幾何学的だから。カエルにはカエルの世界が広がり、ライオンにはライオンの世界が構成されています。ただし、それらはみな個性的であり、独自なものです。

では、子どもの世界はどんな〝見え方〟になっていると思いますか。あなたと同じような世界が展開されているのでしょうか。

実は、最初はまったく違うのです。私たちの認識している世界は立体的で、表も裏も横も斜《なな》めも存在しています。縦《たて》、横、高さの世界です。それに対して赤ちゃんは平面の世界に生きています。子どもの世界もまだまだ発達途上ですので、あなたとまったく同じ感覚ではないのです。

どうやって立体の世界を教えますか。

あまり難しく考えず、どんどん立体を経験させてあげることです。あらゆるものに触《さわ》らせ、使わせ、持たせ、直接その感触《かんしょく》を記憶させるのです。理解は記憶から始まります。大きな箱を与えると、ひっくり返したり、持ち上げたり、裏側へまわったり、噛《か》みついたりと忙しいはずです。

見て、触《ふ》れて、味わって、五感で感じることにより、そのうち、部分的なものが結びついてきて、裏側や別の方向から見ることに気づきます。さらに、いつまでも動かないものと、いつも動くものとの違いにも気づくようになります。そして、自分の頭の中でいろいろなかかわりをイメージして、組み立てられるようになっていきます。何度も繰り返し直接見せて、触れて、動かすのです。努力の量に比例して、子どもは大人と同じような知覚を発達させていくのです。

次頁の図は何に見えますか?

大人なら、Aはキリンがハートの形をつくっている様子、Bはキャンディーでできた二輪車、Cはおばけと影絵《かげえ》をしている人、Dは二つの向かい合わせになっているお面とちょうちょなど、それぞれに違った視点から絵を見ることが簡単にできます。

しかし、子どもには簡単な問題ではありません。キリン、自転車などと一つしか答えられない子どももいれば、二つの答えをすぐに答えられる子どももいます。足を乗せるものにお菓子が組み合わさっていることに違和感《いわかん》をも

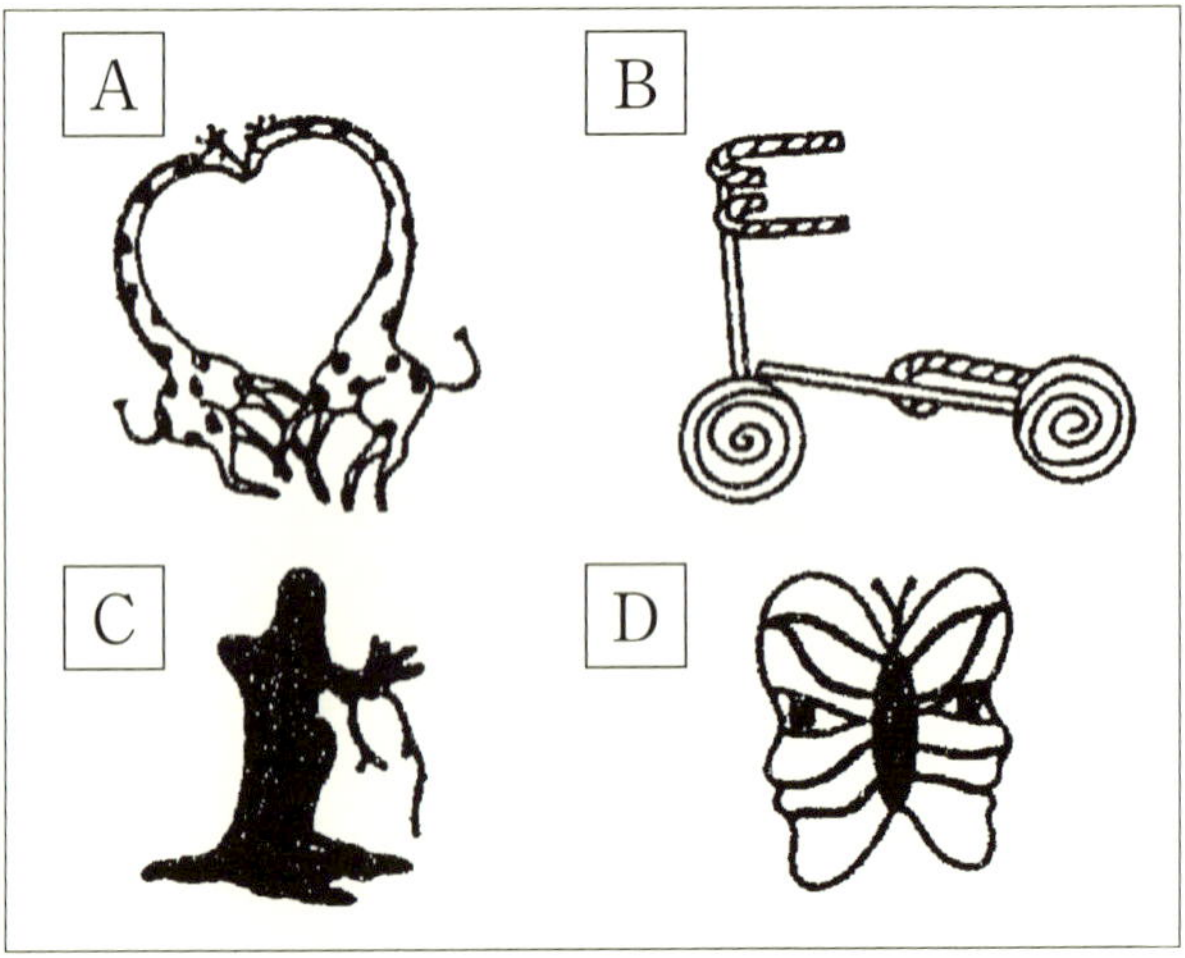

ち戸惑う子どもや、「ほかには何か見えない？」と促《うなが》しても、よく見ようとせずに、「自転車にしか見えない！」と言い切る子どももいます。「わからない」としか言わない子もいます。この差はどこからくるのでしょうか。

これは、エルキンドの「知覚の発達実験」です。具体的な絵の見方によって、部分の知覚と全体の知覚の統合を調べる刺激実験を行った結果、四〜五歳児は一視点からの知覚しかできない、六歳児は、促してやれば他の視点を見て二点の知覚を指摘することができる、八歳を過ぎれば、自ら異なる二視点の知覚を統合的に行うことができる、ということがわかりました。

しかし、実際にはかなり個人差が大きいのです。それは、年齢にかかわりなく、その子ども自身の日常受けている刺激によるのです。つまり「知っていることが見えるものに影響を与える」という知覚的構えの発達の差によっても、答えが変わってくるということです。

ときどき子どもと一緒に散歩してみましょう。見慣れた町並みでも、あらためて眺《なが》めてみるとイメージの宝庫《ほうこ》です。あなたが感じる季節感をたくさんの言葉で話してあげましょう。葉っぱから小動物、空の雲の形、塀《へい》のシミまでが子どもをこちらへ誘うポイントです。

「これはタンポポの綿毛《わたげ》よ」と言って子どもに触れさせましょう。知識はイメージとして蓄《たくわ》えられて思考に発達していきます。また、多く知れば知るほど、多くのものに気づき、見えてくるのです。ボーッとしていたら、目を開けていても何も見えてはいないのです。

◆興味のポイントを探る　～あなたの価値観を知る手助けに

絵を見て次の問いに答えてください。

問い：あなたは原始のおさかなです。何番でしょうか。

答え：①陸上生活に慣《な》れたさかな
②陸に上がろうとするさかな
③すみかに入るさかな
④エサの昆虫を採《と》るさかな
⑤ゆうゆうと泳ぐ大魚
⑥水草に身を寄せるさかな

これは、あなたが子どもの何に興味のポイントを置いているかを診《み》ています。何番を選んだかによって、あなたの価値観がわかります。価値観は意識に影響を与え、基準や行動を決定していきます。あなたの価値観から子育てに影響する行

動に偏《かたよ》りが生じることがあります。自分を正確に把握《はあく》し、より広くトータルな視野ですべてを感じ、見て、決断していきましょう。

あなたの選んだ番号を解説していきましょう。

①陸上生活に慣れたさかな→心理の流れ

心の動きは一定することがありません。刺激によってつねに変化し続けます。また、同じ刺激が同じ心理変化をもたらすということでもありません。その都度《つど》、〝快と不快〟〝安定と動揺〟の二極を揺《ゆ》れ動くのです。あなたの洞察力《どうさつりょく》は、そんな複雑な心理変化をきちんと察知《さっち》して、適切行動を目指しています。

②陸に上がろうとするさかな→反応の鋭さ

反射的な動きなのか、考えぬいた行為なのか、適切な対応をする原点となるものは何か、どうしてこのような反応をするのか、という因果関係をつねに意識しているのでしょう。あなたはめったに失敗はしません。むしろ改善策を目指すタイプです。一つずつきちんと成果を求めて検証《けんしょう》しながら前進するでしょう。

③すみかに入るさかな→欲求の移り

「してほしいこと」も「したいこと」も案外同じ源《みなもと》から発していることがほとんどです。ただ、形や表現が変わっているだけのことです。あなたは感性が磨かれており、的確に相手の全体像から核までを掌握《しょうあく》し、対処することができます。安心感を与えるでしょう。

④エサの昆虫を採るさかな→行動の広がり

次はどんなことをするのだろうか、してくれるのだろうか。相手を飽《あ》きることなく見守り続けるタイプです。相手がよりよくなるためには、自分は何をしてあげるのがよいのかをつねに考えています。目標達成に向けて、ともに一生懸命努力しながら自然に安定感をもたらすのです。

⑤ゆうゆうと泳ぐ大魚↓成長への願い

ゆったりとした、堂々とした思いで、未来を見つめています。現在を過去の延長線で見ることをせず、未来のために現在の自分をつくり変えていこうとする力強い自覚があるようです。異質な意見や専門外の知識にも余裕をもって接することができるでしょう。

⑥水草に身を寄せるさかな↓感情の揺れ

喜怒哀楽《きどあいらく》が気になり、自分の与えた影響で相手がどうなるのかに気を配っています。不安と希望を同時に持って、相手を思いやります。つねに穏やかなくつろぎをつくりだします。大きな包容力《ほうようりょく》があるのでしょう。

◆価値観のズレ　～独特の反省や思いやりを感じて

一つの大きなケーキを切り分けるときに、緊張《きんちょう》したことはありませんか。子どもたちが鋭《するど》い目でジーっと見つめています。妙に意識して手がうまく動かなくなってしまうでしょう。一刀《いっとう》ごとに「あ――……」。もしそこで切りそこなったりしたら、もう大変です。

「お兄ちゃんのほうが大きい。ずるい、取り替《か》えてよ～。わたし、こっちのほうがいい！」「お前のほうがクリームが多いじゃないか。不公平だ。お母さんがひいきした！」と、お母さんへの攻撃《こうげき》や子どもたちの言い争いがすぐに起きることがわかっているからです。

子どもの心はわからなくても、せめて子どもの価値観はわかっていたいものです。

「自分の心さえわかりにくいのに、まして子どもの心なんてわかるはずがない」と逃げることはできるかもしれません。しかし、価値観はどうでしょう。これさえもわからなかったら、私たちはいったい子どもの何がわかるのでしょうか。難しくてもわかろうとしていますか？

次のような場合、あなたならどう思いますか。

「太郎くんは、おやつのときに弟とケンカをして、ケーキ皿を一枚割ってしまいました。弟は反省して、お母さんのお手伝いでケーキ皿を洗いました。でも慣《な》れない皿洗いなので、五枚のお皿を割ってしまいました。末っ子の三歳になる弟はお兄ちゃんたちのケンカに驚いて、三枚のお皿を割ってしまいました……」

さて、三人を悪い順に並べてみてください。また、三人の子どもたちは、だれが悪いと言ったでしょうか。考えてみましょう。

あなたの考えは「太郎くん、そして末っ子、五枚割った弟はしかたない」という順ではないでしょうか。

子どもたちの考えはどうでしょう。

末っ子の意見は——

いちばん悪いのは「すぐ上のお兄ちゃん。なぜなら五枚も割っているから」。次は「自分」でいちばん悪くないのは「一枚しか割っていない太郎くん」なのです。

弟はどう言うでしょうか——

いちばん悪いのは、やっぱり「自分」です。そして「お兄ちゃんの太郎くん→末っ子」という順です。

太郎くんの意見はどうでしょうか——

いちばん悪いのは「末っ子の三枚」と主張します。そして次が「五枚割った弟」です。三番目が自分かというとそうではなくて、そこで終わりです。自分は番外で何も悪くないという態度にしてしまうのです。正当化でしょう。

大人になるほどお皿を割った原因や動機に注目します。しかし、子どもは年齢が低いほど直接的な現象《げんしょう》を基準にしています。太郎くんと弟の順がなぜそうなのか。子どもが考えつくような理由や合理性を考えてみてください。子ども独特の反省、思いやり、価値基準が見えてくるはずです。

ピカピカに光った十円玉を二十円と交換した女の子、親が子どものためと思って、博覧会で並んで手に入れた貴重《きちょう》なカードを最新ゲームのチラシ広告と取り替えた男の子。物々交換《ぶつぶつこうかん》を見ていると子どもの価値観は本当にさまざまです。

「ジャックと豆の木」をつい連想してしまいますね。親の価値観で、「なんてバカな子なんだろう。せっかく私がこの子のためを思って手に入れてあげたのに……そんなの捨てといで！」と怒鳴《どな》らず、お母さんがちょっと立ち止まって自分を見つめ、子どもを見つめて価値を考える余裕《よゆう》を持つことが重要です。

あなたの柔軟《じゅうなん》な価値観で子どもを包み込んであげましょう。決めつけや押しつけとは縁《えん》がなくなるはずです。

◆現実とのギャップ　～それでも理想を捨てずに挑戦を

情報化社会に生き、高等教育を受けた親が多くなりました。子どもをどのように育《はぐく》み、どのように教育し、どのように接していくべきか。そういった知識はかなり高いレベルで持っているようです。

理想的な育児法、理想的な母親像・父親像、理想的な家庭像……と、知識はそうした理想をしっかりとした映像のようにつくりあげてくれたはずです。そこまでの目標はなかったにしても、妊娠から出産までに少なくとも育児書を一冊も読まなかった、何の準備もしなかったという親はいないでしょう。（反対に百冊以上もの子育て本を読んで自信をなくすケースもありますが……）

赤ちゃんが生まれるまでにはさまざまな情報を得て、さまざまなかかわりを想像したはずです。それはやさしく、優雅《ゆうが》でステキな天使との生活を夢見ていたのではないでしょうか。這《は》えば立て、立てば歩《あゆ》め、早く一緒にお話しして楽しい毎日を過ごしたい、と思っていたにちがいありません。

それがなぜ、子育て上手とか、下手というようなことが起こってしまうのでしょうか……。その原因のひとつは、想像していた子育てと、現実の子育てとのギャップの衝撃《しょうげき》に驚《おどろ》き、悩んでしまうからです。

よき母（父）、よき妻（夫）、よき嫁、よき仕事人であろうとすればするほど、合理的に、すべてをこなし、完璧《かんぺき》にしてから子どもの世話をしよう、と思うお母さんがいます。その間、子どもは一人遊びを余儀《よぎ》なくされます。おもちゃを次つぎに出したり、バタバタして、わざと自分に関心を向けさせては叱《しか》られます。

「何やってるの。もう少しだから、待ってて」

さらに、待ちきれなくなって親にせがんでも「これやってからね。待っててちょ

うだい」「今、手が離せないから、そこで静かにしていてちょうだい」――この連続です。

子どももいつしか諦《あきら》めの状況になってしまいます。そして、子どもはついに感情表現が乏《とぼ》しくなり、見るからに元気がなくなってくるのです。

これが「置き去り症候群《しょうこうぐん》」の子どもです。何ごとにもあまり興味を示さず、むしろ無表情に近い、無気力感を示すようになります。

おやつを前にした子どもはどんな反応をしますか。

じっと待っている子ども、待ちきれずにチョロっとつまみ食いをする子どもなど、反応はいろいろです。しかし、一見《いっけん》お行儀《ぎょうぎ》がよくてじっと待っているような子どもは、本当に〝よい子〟で大丈夫なのでしょうか。

子どもには子ども独自の〝ときめき〟があります。何かに突き上げられるような、夢中になれる、止《と》められない衝動《しょうどう》があるのです。ところが、友だちが遊んでいるのをじっと見ている、誘われても仲間に入らない、独《ひと》り遊びが多い、などを繰り返してしまう……。やがてそれは、言葉の発達の遅れや情緒障害になってしまう場合もあります。

原因は、親の子どもに対する接触不足の弊害《へいがい》によるものです。だからこそ、親を中心に周囲の人々も含めて、現実を認識して理解を求め合うことが大切になるのです。

否定や非難的であってはならないのです。いたわりと激励、そして新たな気づきへの挑戦をわかり合あった、温かいコミュニケーションが必要です。子育てはやっぱりすばらしいものです。寂《さび》しい子どもを育てないようにしましょう。

◆才能の発芽　～育つための条件をそろえること

世の中には〝天才〟が本当に多くいるものです。二、三歳で自動車の名前をメーカー別に記憶していたり、駅名を細かく暗記している子どもがいます。暗算《あんざん》が得意で計算機より速い子どももいます。歌が上手、ダンスが上手とふつうの子どもができそうもない、大人顔負けの才能を発揮する子どもたちがたくさんいるのです。

「才能」と一言《ひとこと》で言っても、まさに鉱脈《こうみゃく》の中にひそむ宝石のようなもので、人間の奥底に埋蔵《まいぞう》されているものでしょう。そのために、一見才能に見えたとしても一時的な見せかけにすぎないこともあります。おけいこごとは、その子の才能を伸ばすことがあったとしても、そのまま実《みの》ってすべてに役立つ才能になるとは限らないのです。

早期教育、才能教育は、一歩間違えると子どもの個性を踏みにじることにもなりかねません。努力には挫折《ざせつ》がつきものです。子どもがそれを乗り越えられないとき、大きな打撃となって自滅《じめつ》に追い込んでしまうのです。

アメリカの教育学者であるターマン博士は、二十五万人の児童から一千四百人の優秀児を選んで早期教育を実施し、三十年間追跡調査をしました。四十歳を目安にその結果を見たところ、対象者のうち約八百人は社会への業績《ぎょうせき》はすばらしいものがあったと報告しています。この調査はアメリカの才能開発の生きたデータとして多くの示唆《しさ》を与えました。

早期教育をしたから磨《みが》かれる才能もあります。その才能にいつ気づいて、いつ教育を始めるか。才能を伸ばすには、伸ばす時期も関係がありそうです。それは準備性、用意性の状態と呼ばれています。一般的に音楽・絵画センスなどの準備性は幼児のうちに、文学センスなどは成人してからといわれます。

才能はだれでも持っているものです。しかし、その才能は、それが発芽《はつが》するために必要な条件をそろえてやらないと、埋《うず》もれたままになるかもしれません。植物を育てるにも、水、光、空気が必要なのと同じことです。育つには育つだけの条件があるのです。

子どもの早期教育のきっかけとなる条件は、あなたの口癖《くちぐせ》から始まります。

「一緒に」「楽しく」「できることから」「やってみよう」「よかった!」——これがキーワードです。

①「一緒に」＝支援意識

ともに支え合うことは、子どもの挫折を救う基本です。経験が少ない子どもは何にしても不安をもっています。好奇心があるのに、不安なためにためらうのです。子どもに実体験を多く与えましょう。そのとき一緒にやってあげるのです。ちいさいときほど実質的に支えることが必要ですが、次第に精神的な支えのみでも十分になってきます。相手の求めているものを積極的に提示《ていじ》し具体的に援助し、心の支えになってあげましょう。

②「楽しく」＝満足感

子どもの好奇心をつぶさないように、子どものレベルに合わせて楽しさを与えてあげましょう。そして、「次はどうしよう」とか、努力の中に工夫を取り入れてみましょう。自分から意欲的に求めるように導《みちび》いてあげましょう。

③「できることから」＝可能性意識

無理せず、今の一歩からスタートしましょう。「できること」に「プラス一歩」を目指していくことです。目標はちいさくてもいいのです。確実に達成していく体験を多くもてるようにしてあげましょう。

④「やってみよう」＝未来意識

未来へ向けて積極的な意識をもてるようにしてあげましょう。子どもの勇気をほめてあげ、「肯定的《こうていてき》な目標」に向かっていく姿勢を崩《くず》さないことです。

⑤「よかった！」＝歓喜の発見

失敗したり、できないことが多くあったとしても、その中にある小さな成功や進歩を認めてよろこびを見いだしましょう。継続への力になります。

第3章

“わかる子”への誘い

（IQ知能開発のメカニズム）

〝もっと頭がよかったらなぁ！〟。そんな思いをいだいた経験は何度となくあったでしょう。ＩＱ（Intelligence Quotient＝知能指数）で示される頭のよさのバロメーターです。

私たちは、ＩＱという言葉をよく耳にしますが、その実体についてよく知らないのではないでしょうか。そして、ＩＱというものは発達させたり、成長させることなどできないもの、偶然に与えられたもの、という認識しかないかもしれません。

本来、ＩＱは十二歳までは著《いちじる》しく躍動感を持って成長し、とどこおることはありません。その後も衰《おとろ》えることなく発達、成長をとげていくものなのです。ＩＱを伸ばすための着手に遅すぎたり、タイミングを逸《いっ》するということはありません。始めたときから素直《すなお》に躍動をし始めます。あなたが子どもに接したときからがスタートなのです。

IQは〝考えてわかる力〟を基本とした、論理的に物事を体系化できる力です。すべての知恵の土台になる機能です。確立を目指し、上昇を続ける子どものステージに、あなたはしっかりとIQのメカニズムを自覚したうえで、それを育《はぐく》む影響を与えていきましょう。

◆IQ上昇の四要素

〝わかる子〟になる最初のアプローチは、四つのIQ要素への刺激を与えることです。

四つのIQ要素である、〝空想と認識〟〝比較と統一〟のバランスがとれた状態をつくりだすことです。

子どもはつねに認識と比較を優先します。そのため現状に固定化される傾向を持っているのです。子どもがじっと一点を見つめていることがあります。その集中力には驚かされますね。しかし、それはちいさな範囲の集中でしかないのです。だから、バランスを自覚したあなたの支援が必要になるのです。それが、空想と統一への導きです。

子どもの世界は、現状認識と比較のなかで固定化されています。その動きは穏《おだ》やかです。子どもは見えるもの、触れるものに注目し、好奇心をもってときめいています。しかし、単純に〝分ける〟（分類する）ことはできますが、展開が少ないのです。枠《わく》から飛び出す刺激が必要です。それが〝空想〟です。

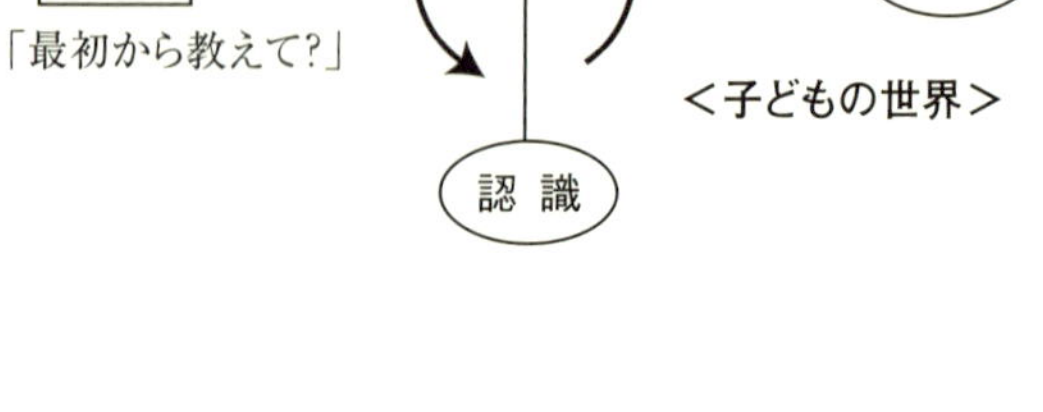

現状からありえない方向へ弾《はじ》かせるのです。固定化していた思考がくずれ、柔軟《じゅうなん》な筋《すじ》を描いた論理性への出発へと誘《いざな》いましょう。

あなたが子どもと同じものを見て、触れて、一緒に空想のきっかけを投げかけてあげればよいのです。

「それからどうなるの？」の一言です。

その言葉をきっかけにして、あとは子ども自身が飛躍《ひやく》した空想をとめどなく展開するでしょう。調子に乗ってデタラメにさえなってしまうかもしれません。そのときは、またあなたが軌道修正《きどうしゅうせい》するように導いてあげる必要があります。それが、〝統一〟なのです。間違ったから引き戻すのではなく、どのようにそこまで展開していったのかを考えさせるように、スタート時点の認識との関係づけを促進《そくしん》すること、これが〝統一〟です。そのようなリードがあれば、柔軟でありながら、筋の通った論理的なストーリーがつくりだされます。

子どもは素直に、現状をありのまま認識します。一生懸命自分の感性で〝比較〟

し、違いを発見しようとし、また、共通部分を見つけようともします。

例えば、クレーン車を見て「キリンさんだ！」と言ってみたり、おもちゃのお金を見て本物と思い込んだり、壁の模様に人の顔を見つけたりします。子どもの世界は奇妙です。小さくてもそれが子どもの純粋な気持ちなのです。

そして、もっとも重要なことは、子どもの示した〝認識と比較〟を否定しないことです。子どもが黒いリンゴを描いたら、あなたは何と言いますか？

「リンゴは赤色でしょ！」「こんな腐《くさ》ったリンゴは描かないの！」と言っていないでしょうか？　子どもは、ある一点の黒く見える部分を強調して表現しただけなのです。

「雪が黒いね」ってあなたに報告しにきた子どもには、どのように反応しますか？

「バカね～、雪が黒いわけないでしょ！　雪は白いのよ。変な子だね、おまえは！」と言ってしまわないでしょうか？

子どもの視線から降る雪を見上げたら、白い雪も雲と一体になって灰色や黒っぽい色に見えるのです。あなたも下から見上げてみればわかります。

大発見のよろこびをあなたと共有したかっただけなのに、あなたから強烈《きょうれつ》な否定の一撃《いちげき》を与えられてしまったら、どうなるでしょう。子どもの心はぺちゃんこです。子どもの世界から純粋さが失われていく瞬間です。あなたが子どもと一緒に空想を広げなくては子どものＩＱは上昇しません。〃空想と統一〃はあなた自身の子どもの心が基礎になっているのです。

子どもに触れて、もう一度子どもの世界の〃認識と比較〃をあなたの世界に出現させてみましょう。蓄積《ちくせき》されているあなたの知恵が、再燃して、あなた自身を上昇させる力となって現れるでしょう。子育てはやはり、自分育てになるのです。

◆ＩＱ上昇の四意識（リードポイント）

ＩＱ上昇のために、子どもの日常生活に四つのリードポイント（意識を導いていくための要点）として習慣化させるようにしましょう。どんなときでも、何をやるにしてもリードポイントを繰り返し発想させるようにしてみましょう。

リードポイントは次の四意識です。**①分ける→②加える→③集める→④除く**

これらの意識づけにはそれぞれのエリアによって最善の実践法があります。各リードポイントを何度も繰り返し強化することで、全体のバランスがよりよく獲得《かくとく》されていきます。グッドバランスを目指しましょう。

論理の連鎖《れんさ》が各場面の考えを活性化させ、区分し、整理され、それが新たな基盤となって柔軟で拡大的な展開を重ねていきます。

① 分ける（注意）

子どもの生活の基本習慣となる要素です。部屋は整理《せいり》整頓《せいとん》してつねに整《ととの》ったきれいな環境を目の前に置くようにしましょう。掃除《そうじ》をして、ゴミと必要品を区別する

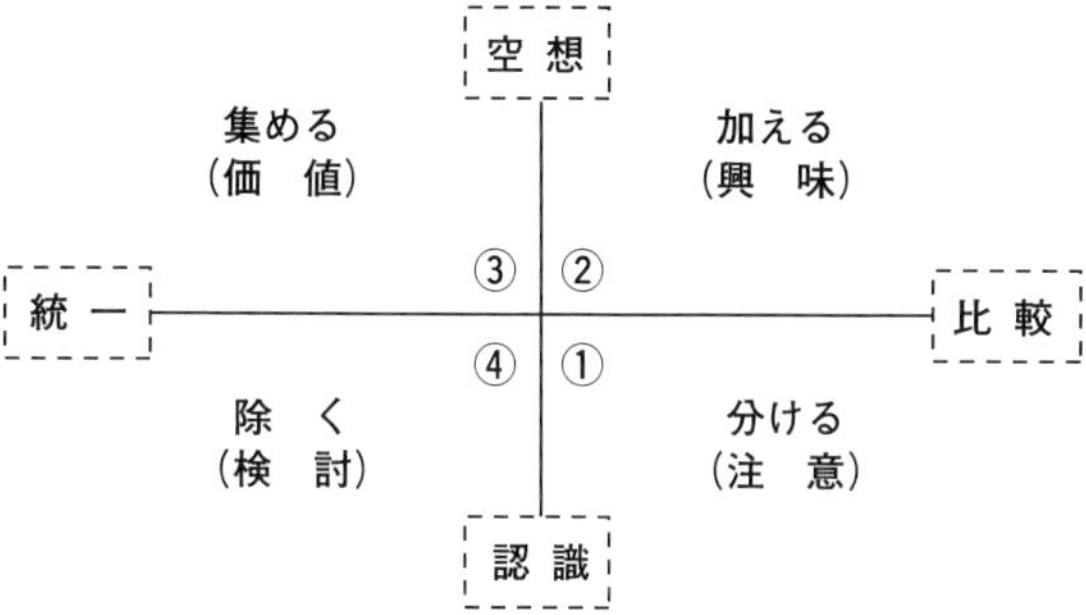

論理の連鎖

①分ける→②加える→③集める→④除く

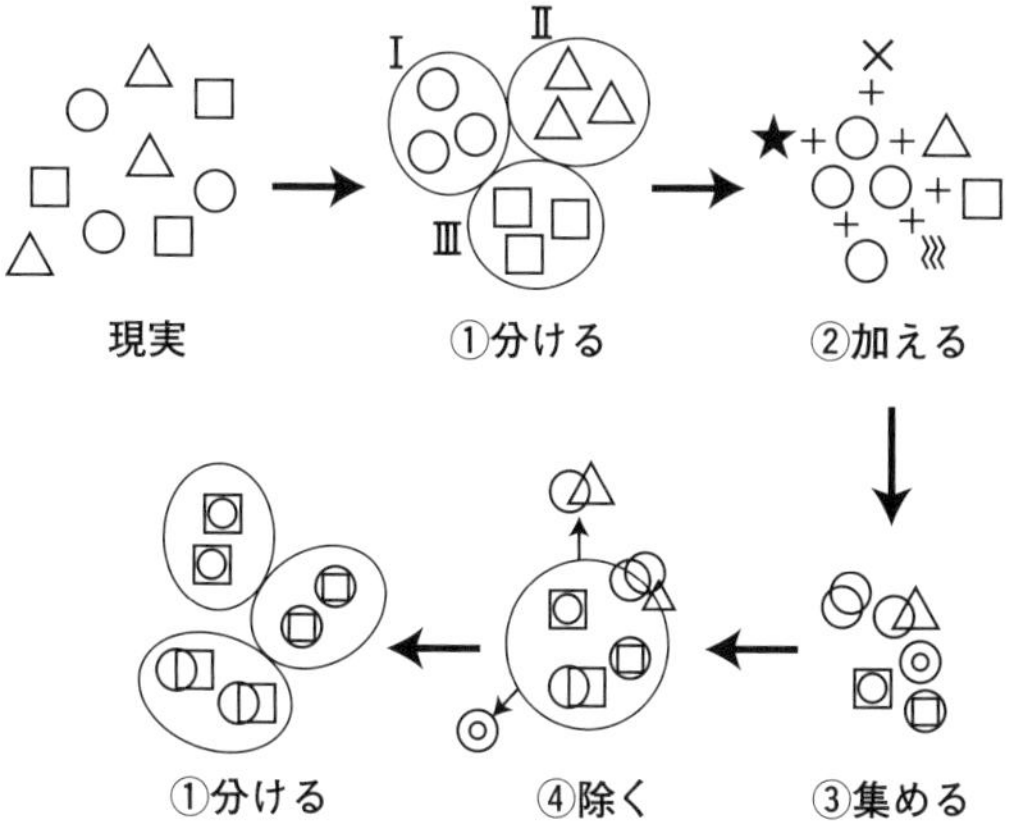

こと、カバンの中も使う順に整えて入れておくこと。細かいことでも最初は丁寧《ていねい》に教えなければなりません。しつけの一つとしてあなたからやや強制的にさせ、言い続けることによって実践できる習慣になります。習慣づけるということは、考えて体を動かすのではなく、考えなくても体が自然と動くようになることです。

整理整頓の習慣は、実体に触れた瞬間に注意力が敏感《びんかん》に機能して、共通点、相違点を把握《はあく》できる力になるのです。

図形や計算力はこの機能を基本にしています。数字や記号、形の見間違いが少なくなり、すばやく正しい認識ができるようになって、ケアレスミスもなくなります。安定して正解を導き出せるようになっていきます。

図形では、葉や花びらの形、全体図を注意深く見て明確に把握できるようになります。例えば、桜と梅の花の違いを〝比較と認識〟でとらえる判定基準、物差しが明確になっていくのです。また、計算問題では×と＋、÷と－の早とちりがなくなり、順を追って問題を解《と》くことができるようになります。算数の計算が苦手《にがて》という前に、どういう間違いをしているのかを指摘してあげましょう。せっかく計算方法を理解していても、記号を見間違っていたのでは正解の○《マル》をもらえるはずがありません。

② 加える（興味）

今、目の前にあるものに何でも空想してつけ加えてみましょう。一つの特徴《とくちょう》を抜き出して大げさに表現してもかまいません。そのものをそのものとして用いるのではなく、自由に枠《わく》を設《もう》けない発想で展開するのです。たとえ何もないところにも〝こんなのがあったらいいな〟〝なんか、足りない気がする、これかな？〟と自由自在につけ加えるのです。

この習慣は、見えない先を洞察《どうさつ》する〝推論《すいろん》〟や複雑な事実を全体的に把握する力となります。そして、この機能がよく働くことによって正確な一本の道を自分でつくることができるようになり、考える力となっていくのです。チグハグにならず、つねに一定方向に向かわせる力となるのです。

失敗を反省し次に生かすことができるのは、つねに、一定方向に向かっているからです。〝コレがダメならアレをやる〟試行錯誤《しこうさくご》は一定方向を目指しているから意味があるのです。ただデタラメに試《ため》してみてもムダなことです。自分のやっている今のことにさえ興味を持てなくなり、意欲も消失してしまうでしょう。

③集める（価値）

子どもが、何かに興味をいだいたら、その興味の周辺にあるものごと、同類項《どうるいこう》と思われるものを感覚的に引き寄せてやりましょう。その共通性（丸い、赤い、四本足など）に着目することで、さまざまな分野から体系化が進み、どのような難問でもパターン的に解決できる応用力を生み出せる力になります。そして、この要素が機能してくれれば、子どもが自信をもてる得意分野をつくることにつながっていきます。

聞いたことを模式図《もしきず》のように描いたり、文章を相関図《そうかんず》や表に変換《へんかん》するように促《うばが》してみましょう。視点がさまざまな方向に向けられ、解決への選択肢《せんたくし》が増えていきます。考える力は一方向からではなく、多方向に働かせることが効果的です。枠《わく》などありません。目標や目的が明確なら固定概念《こていがいねん》に縛《しば》られることなく、自由な発想が促《そく》進《しん》されます。知覚が敏感になり、発見力や幅広い記憶力を豊かにしていく基本になります。どんな内容でも自分の得意分野に引き込むことが上手になり、得意なたとえを使って解決に導く力となります。

④除く（検討）

情報や知識、知恵は豊かであるにこしたことはありません。しかし、なかには無用な内容も多くあります。情報過多、頭でっかちは時として障害になります。よけいに混乱し、選択の糸が絡《から》み合ってしまうのです。一度あわてだすと、すべてを見失い、間違っているとわかっていても、何度も同じ失敗を繰り返してしまうことになります。

つねに〝これで正しいのか〟という検討や検証をすることが重要です。本当に必要なものだけを見極《みきわ》め、後は未練《みれん》なく捨ててしまう勇気が必要なのです。そうすれば、意味をしっかり把握できるようになり、取捨力《しゅしゃりょく》や本質をつかむ記号化が活性化します。何ごとにもスピード感が生まれてきます。のみ込みが早くなり、理解力がスムーズになります。取捨選択や優先順位、レベル化が促進し、何から始めればよいのか、第一歩をどのように出せばよいかを決断する力となっていきます。

いらないものは捨て、使える情報や知識、知恵を多くしていくことによって、障害となっていたことがそのまま推進力になっていきます。〝できない〟だから〝がんばる〟と意味が上昇へつながっていくのです。諦《あきら》めがなくなります。勇気もわいてきます。

◆IQレベルアップの十テクニック

ＩＱ上昇のプロセスには十の細かなステップがあります。単純に一つひとつをクリアしていくことでＩＱのレベルアップを図《はか》ることができます。そして、らせん状の曲線を描いて上昇し、さらにレベルアップを果たしていきます。

十のステップは、好奇心からスタートし、そのときどきのベストを確立していきます。そしてまた、好奇心に戻るのです。しかし、再度戻ってきたときの好奇心レベルは元のレベルではなく、ワンランクアップしたステージでの好奇心とな

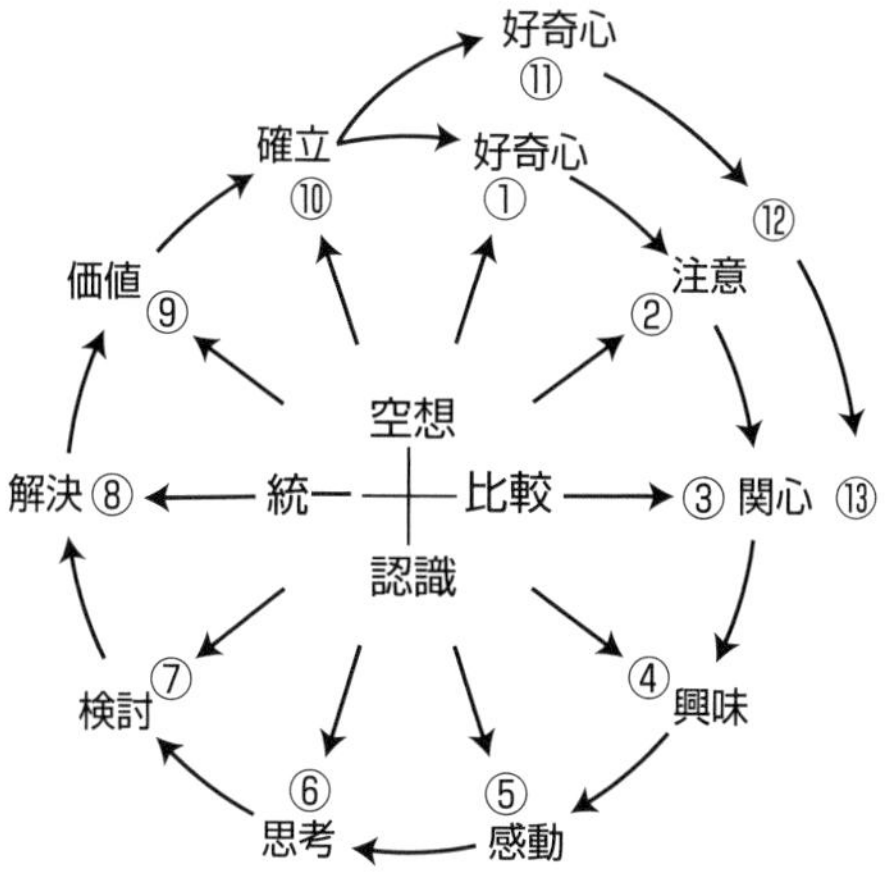

って機能していきます。上昇したステージは後戻《あともど》りすることはありません。停滞《ていたい》はしてもつねに上昇しかないのです。

次のステップに移るときに四つのＩＱ意識が促進へのバトンタッチ機能を果たします。

① 好奇心をもたらす　〜正誤の二者択一を示す

「これ、何だと思う？」「どうしたらいいかな？」。子どもの心をこちらへ向けようとして、親はさまざまに声をかけます。いろいろ工夫して子どもに話させるようにがんばります。しかし、子どもの反応はどうでしょうか。あなたの意図《いと》どおりの反応が返ってくるでしょうか。なかなかそううまくはいきません。

「べつに〜」「わからない」の一言で終わってしまうことが多いでしょう。そんな反応に親のほうが傷つくケースが意外に多いものです。

好奇心は無理やり持たせるように仕向けなければなりません。勝手に持つような

$2 \times 3 = 6$　　　　$2 \times 3 = 5$

どちらが正しい？

みほん　　　　どっちが仲間かな？

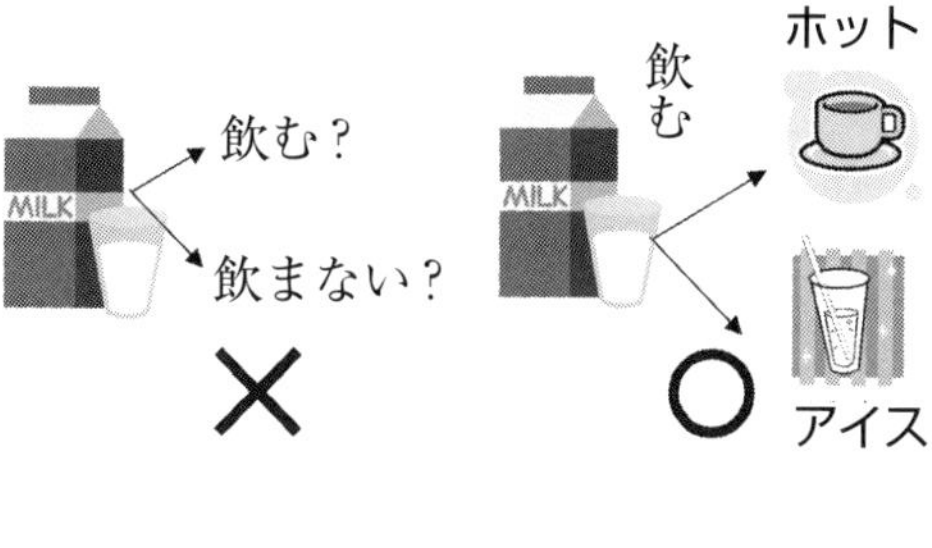

ものではないのです。子どもの自主性にまかせてはいけません。子どもの心は気ままです。だから、二者択一《たくいつ》の選択をさせるのです。

「ミルク飲む？」なら飲むか飲まないか、になります。しかし、これでも子どもの気ままな心に翻弄《ほんろう》されてしまいます。

「食後のミルクは、アイスにする？　ホットがいい？」。ミルクを飲むのは当然で、選べるのはアイスかホットかどちらかしかない、という聞き方です。「なぜ飲まなきゃいけないの？」という反応が返ってきたら、「成長に必要な栄養バランスがいいからよ」と基本を教えてあげることです。その答えの納得性が次の好奇心につながり、連鎖《れんさ》していくのです。

文字や計算も、どちらが正しいかを見せて判断させることが必要です。正しいものを見本として見せ、「違うのはどれかな？」と尋ねるのも好奇心の連鎖をもたらします。

② 注意させる
〜正解を当てさせる

「ここがポイントですよ」

「大切なところだから、ここだけはしっかり覚えておくようにね！」

親切な先生は一生懸命教えてくれます。子どもはそれをもとに〃ヤマをはる〃こともよくします。それでよい成績を取れば問題ないのかもしれません。しかし、それではＩＱのレベルアップにはなりません。考えることをせず、記憶のみに頼ってしまうからです。

記憶そのものは重要です。知識の源

ポイントは！
① ＿＿＿＿
② ＿＿＿＿
③ ＿＿＿＿
⇧
× まる暗記（単純暗記）
「夕食はハンバーグよ。全部食べなさい」

ポイントはどれだと思う？
①と③＿＿＿＿
① ＿＿＿＿
② ＿＿＿＿
③ ＿＿＿＿
④ ＿＿＿＿
○ 考える（理解暗記）
「まぁ〜るくて、ぺっちゃんこなぁに？」

「ハンバーグ？」

「ピンポーン！」

になるものです。考えながら導き出した結論は、単純記憶（まる暗記して覚えたもの）よりもはるかに効果的に理解度の高い記憶になります。

「今の場面では何がいちばん強調されていると思う？」「どうしても覚えなくてはならないものは何だと思う？　三つあげてみよう」というように投げかけてみましょう。正しい答えのときにはほめてあげる。もう少し別の観点から考える必要があると思うときは、アドバイスしてあげましょう。単純な〝なぞなぞ遊び〟も生活のなかで簡単にでき、ＩＱレベルアップに役立ちます。

「今日の夕食は何だと思う？　まぁ～るくて、ぺっちゃんこ、フライパンで焼いてあるもの、な～んだ」

「ハンバーグ！」「ピンポーン！」

「ご飯はきちんと残さず食べなくてはダメよ」と強制することも必要ですが、生活場面でもＩＱを育ててあげましょう。

夕食を楽しみながら心をワクワクさせながら向かわせていくのが〝注意の喚起《かんき》〟になるのです。しつけをしながらでも工夫できるのです。

③関心を向けさせる　～比較させてからなぜだろう？

子どもはつねに素直な心で周囲を観察しています。あなたにも注目し、日常の立ち居《い》振る舞いや言動にも心を向けています。

あなたの真似をしてみたい、自分もやってみたい、という思いでいっぱいです。あなたから何か「やりなさい」といわれたら、素直にやるでしょう。しかし、それは誘導されただけで、従順なだけの振る舞いです。ＩＱは停滞《ていたい》しています。真似はうまくできたとしても理解できていません。無関心を打ち破り、意識させ強引に関心を向けさせなくては心は静止するばかりです。

〝比較〟させることで無関心を打ち破ることができます。それがＩＱを刺激する強力な力にもなるのです。

「キリンとウマはどこが違う？」

「カバとブタはどこが同じかな？」

子どもが一生懸命考えるような質問をしてください。正解がでなくてもかまわないのです。

「シマウマは黒地に白い模様《もよう》？　白地に黒い模様？　さて、どっち？」

迷答《めいとう》が出てもすべて受け入れてあげましょう。すべて正解です。

「一人の子どもがリンゴを二こ持っています。五人いたらリンゴはいくつありますか？」

2こ×5人＝10こ　　2こ＋2こ＋2こ＋2こ＋2こ＋＝10こ

「どっちが速く計算できるかな？　かけ算でしょ！　しっかり勉強しようね。」

関心度を高めることは動機づけや意欲づくりにつながります。ＩＱレベルアップには意欲が不可欠のポイントです。

違いは？

首が長い・短い
しっぽが細い・太い
模様がある・なし
角がある・なし
鳴き声がちがう
毛の色が違う

似たところは？

体が丸い
足が短い
太っている
顔が大きい
足のつめがある

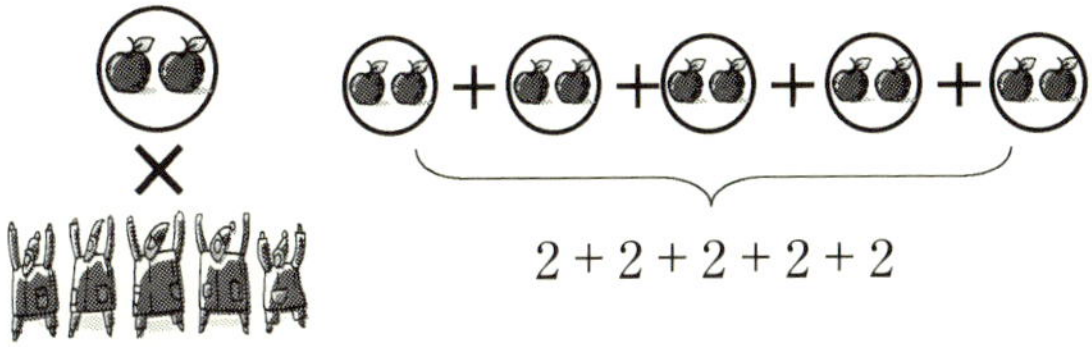

関心度アップ＝楽しい動機づけ＝IQ レベルアップ

④ 興味を引き出す　～夢と推測で満足させる

「なんで？」「どうして？」「ねぇ～、これは？」。子どもの質問責めに困惑《こんわく》した経験が、あなたにもありませんか？

答えても、答えても「なんでよ？」「どうしてさ？」と質問は尽《つ》きません。最終的に、

「お母さんが、そうだと言ったら、そうなの！」

「どうしてもそうなるの！」

「う～ん、今度考えとくわ……」と、ごまかさざるをえないまとめになってしまいます。

しかし、この終わり方は意外にベストな方法なのです。子どもの興味レベルが完結せず、連続していくからです。また、中断されることによって自問して、自分で考えるステップが生じます。

同じように、子どもが「えっ？」と面食《めんく》らう質問をしてみるのも興味が引き出さ

れます。

「キリンの首はなぜ長いのでしょうか?」

「カニはどうしてヨコ歩きするのでしょうか?」

「算数の問題にみかんとリンゴが出てくるのはどうしてかな?」という具合に、子どもがそれまで考えようともしなかったこと、空想で答えられるような、笑いが出てくるような質問をしてみましょう。

子どもの興味は現実の質問をきっかけにした延長上にあって、空想によって展開していきます。応用も可能です。

「百メートル先の上空にUFOが浮かんでいました。高さは何メートルぐらいだと思う?」。三角形がわかるとすぐに答えがわかるよ! どうやるか

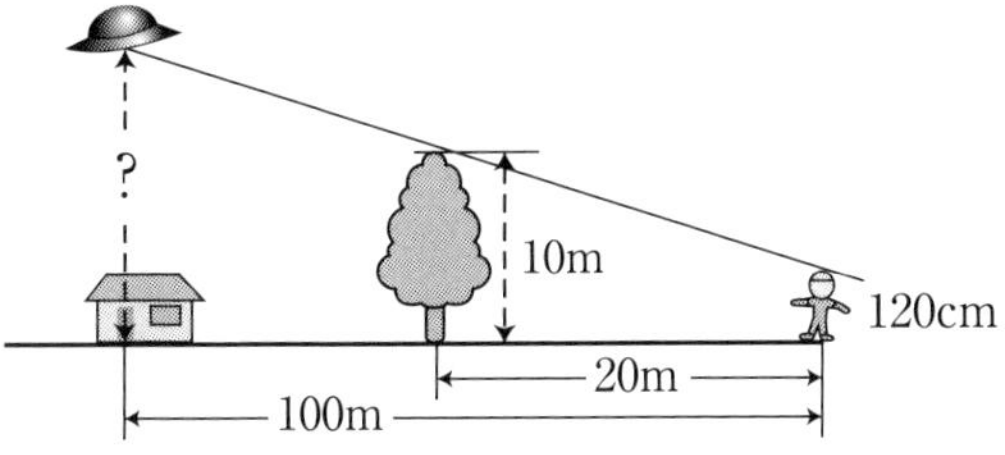

三角形への興味はUFOを通して引き出されます。

な？　どうやればいいと思う？」と、次つぎにアドバイスを投げかけ推測させるようにしていきます。子どもから「なんで？」「どうして？」が連発されたら確実にＩＱがレベルアップしていきます。

⑤感動させる　～感想を作文に書かせる、話させる

感動表現ばかりではなく、感情表現をたくさん言葉として表現して話させましょう。最近は、「すごい」「うまい」「かっこいい」等のワンセンテンスの表現で終わってしまうことが多いようです。感想や感動を聞くときは、あなたがたくさんあいづちを打って、長く話せるようにしてあげましょう。

「それからどうなったの？」「そのときどうしたの？」「どうしてそうなったの？」あなたが子どもの話を聞きながら、ちいさくうなずいたり驚いたり、質問したりしてさらに続きを引き出し、また、感心してはさまざまにあいづちを打ってあげましょう。

あなたにつられて子どもの話がどんどん幅広く展開していきます。スタートから一本の筋《すじ》をもって連続した展開になり、さらに感情がこもってくると、子どもの思考は絶好調になっていきます。

IQレベルアップのための活性化の源は、あなたからもらった感動のエネルギーなのです。テストの結果に対しても同様です。〝情けない〟と思うような点数でも、正解した問題を認めてよろこんであげましょう。そして、間違った部分をあなたが口頭で解説してあげましょう。子どもはかならず反応を示すはずです。その反応に対してあなたは新鮮な驚き

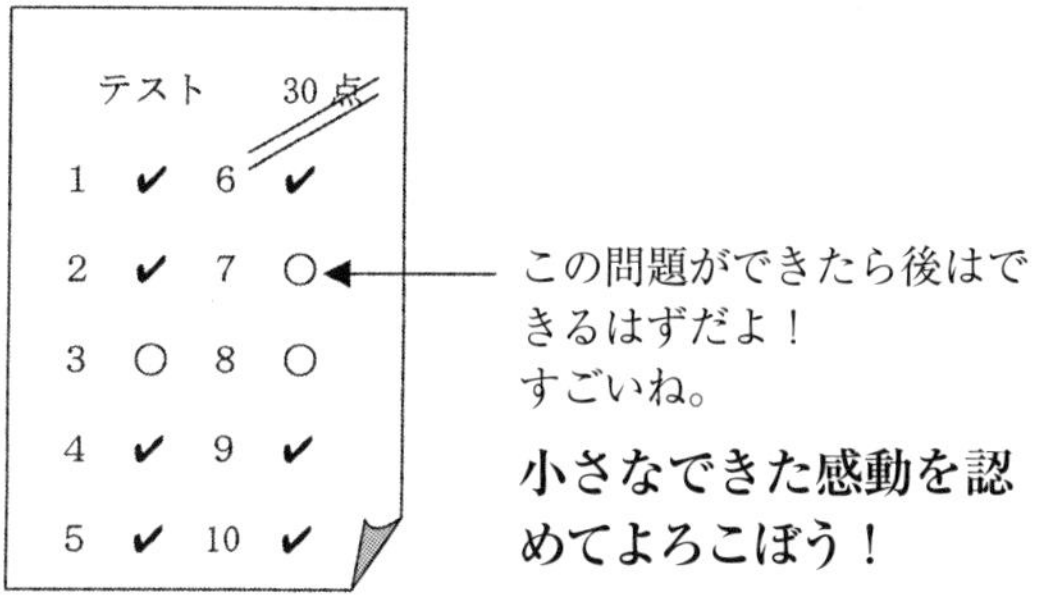

小さなできた感動を認めてよろこぼう！

あいづちを連発しよう。
すごいね→（ボクは）すごいんだ→IQ要素活性

を与えてください。子どもの意欲はフル回転し、ＩＱレベルアップに直結していきます。

感動はすべてのＩＱ要素に働きかけていきます。ちいさな感動を認めてよろこぶことから始めてみましょう。

⑥思考を促《うなが》す　～箇条書き的に整理させる

黙《だま》っていても頭は働いています。ボーッとさえしていなければ、つねに頭は活動しています。そこで、一つの習慣を促《うなが》すと思考《しこう》の回転は倍速化《ばいそくか》します。

メモの習慣づけです。最初は落書きから始めましょう。電話しながらイタズラ書きをしていいのです。もちろん相手の話はしっかり聞かなければいけません。だから、聞きながら大切なところをメモしながら、整理していきます。そのときも少し矢印を使ってみるとか重要なところを枠《わく》で囲《かこ》んだりすると、さらに思考機能が活性化します。落書きや箇条書《かじょうが》き整理は、考える、まとめる、記憶する、そして関連の

習慣づけ	ボー然	イタズラ書	整理メモ（箇条書き）	絵日記（文字と絵）
思考力活性化	0	50％	80％	100％
思考効果	皆無	思考表現	抽象と具体	論理と感性
応　用			テキスト整理（サブノートづくり）	

あるものを思い描《えが》いて、考えを発展させていくという効果が絶大なのです。

　さらに、絵日記の習慣づけも重要です。絵日記を書くことによって思考を躍進させることができるのです。毎日のできごとを重要度の順に項目でまとめてみましょう。それを絵で表現しようとすると、抽象化《ちゅうしょうか》につながります。より印象的なところが強調され、大事なことが明確になるのです。論理と感性がグッドバランスで機能していきます。

　思考は、抽象と具体を交互《こうご》に繰り返したり、項目と項目を関係づけたりすることで思考速度が増強されます。〝文字と絵〟はその最高の手段です。

文字ばかりの教科書は面白くないかもしれません。挿絵《さしえ》を描くのではなく、「内容そのものを楽しく、わかりやすくしてみよう！」といって、子どもが教科書（テキスト）を読んだらノートに今読んだ内容を整理させましょう。箇条書きや図表にしてまとめることを促してください。

最初は上手にまとめられなくてもいいのです。「これは、こんな表にするとわかりやすいよ」とヒントをあげてください。まとめることが重要です。できあがったものを見てあとからそれを説明できなくてもかまいません。ＩＱレベルはまとめる努力をしているときに上昇していくのです。今は説明できなくても、やがて明確に解説できる実力に成長していきます。

〝テキスト整理〟を徹底してやらせましょう。その継続こそがＩＱの主軸となる思考力を上昇させる力となります。メモの習慣は子どもだけでなく、あなたも一緒に実践しましょう。子どものメモと比較してたくさんの工夫に気づかせてください。

カラーペンを使うなど、楽しみながらやりましょう。やはり、あなた自身のＩＱレベルも上昇するでしょう。

⑦検討させる　〜間違い探しとブレーンストーミング

子どもの特徴に、一度思い込むとそれが絶対に正しいと決め込む癖《くせ》があります。そうすると、ＩＱは停滞してしまいます。間違っても気づかず、ミスに対してもなお、自分が正しいと思い続けてしまいます。結局、同じ失敗を何度も繰り返すことになってしまうのです。正解と思い込む前に一つのことを何回か振り返らせることを習慣化させましょう。

ドリル練習が最良です。今日の目標ページが仕上がったら、答え合わせをする前にあなたがチェックしてあげましょう。そして、「十問中二問間違っているから発見して！」と先手を打つのです。子どもは真剣に間違い探しをします。これが、検討の習慣づくりにつながります。どうしても見つからず、諦《あきら》めかけたら、一問くらいは教えてあげてもよいでしょう。そして、一問は子ども自身に発見させます。結果として全問正解の体験を積み重ねていくのです。

検討することで正解が確実に得られます。「やったぁ！　百点」という実感を多く与えてあげましょう。そうすれば、子どもの検討習慣がつねに心地《ここち》よい刺激となっていくでしょう。また今度も達成感を味わいたくて、またあなたにほめられたくて、「できた！　おわり！」の前に、間違い探しを自分でやるようになります。〝これでよいのか〟と検討するようになります。

さらに、子どもの日常にゲーム感覚を多く取り入れましょう。利用法や解決策を思いつくまま列挙《れっきょ》するようなゲームをしてみましょう。ブレーンストーミングです。アイデアを数多く出す訓練です。たくさんひらめくことが目的なので、「そんなのありっこない」「ばかじゃないの？　何考えてんの？」という否定語は禁句《きんく》です。一人でもできますし、あなたと一緒にやってもかまいません。テーマは身近なものを使います。

ブレーンストーミング

「乳製品の種類は？」
・ヨーグルト
・コーヒー牛乳
・プリン
・？

「新聞紙の活用法は？」
・虫たたき
・火種
・毛布の代わりに着る
・紙粘土の材料

間違い探し　ＡＢどこが違うかな？

例えば、新聞紙があればその利用法をあげてみる。テレビに映《うつ》ったミルクを見て乳製品の種類を多くあげてみるなど。ＩＱレベルは見違えるくらい上昇します。

⑧解決させる　～子どもから教えてもらう

子どもはうれしそうに得意顔《とくいがお》になるときがあります。得意なことをほめられたときや、あなたと立場が逆転したと感じたときなど、得意満面な笑顔を見せます。このような状況づくりを設定するのも一つの方法です。日常生活にかならずあるはずです。意識的につくってあげましょう。

「よく、できたね。これは○○ちゃんの得意だものね！」。この一言です。子どもに言ってあげましょう。実際にはそれほどでなくても、あなたがそう認めているよ、ということを表現してあげるのです。子どもは次第にその気になってきます。得意顔は、それを深く追求していこうとあらためて見つめ、楽しみながら内容を深めようとする決意の証明です。

子どもはいつも教えられ、導かれる立場です。それが当たり前だと思っているので、強制されることに慣れています。それを逆転させるのです。

「これは、どうなってるの？　この内容を説明してくれる？　教えて？」と丁寧に頼んでみましょう。子どもはいきなり優位に立ったことで、一生懸命期待に応《こた》えようと頭をフル回転させ、心を躍動させます。いつもあなたが説明してくれる口調を真似ながら、あなた以上にやさしく、根気強く丁寧に教えてくれるはずです。

「いい、ママ。よく聞いてよ。これは……

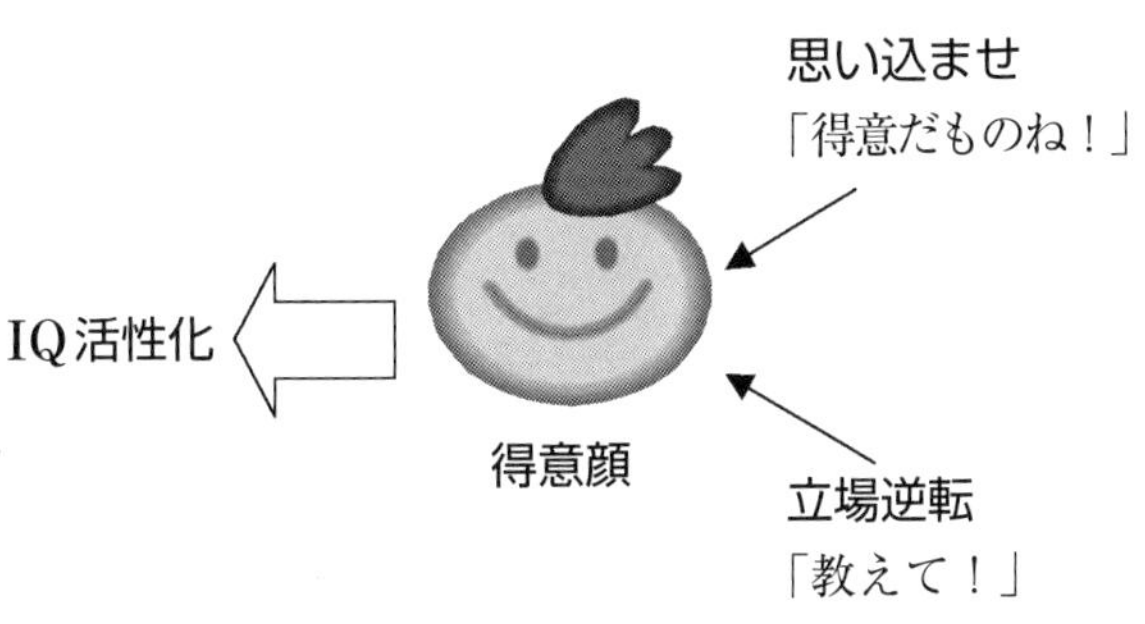

ここが大事なんだよ。わかった？　聞いてる？　もう一回言ってあげようか……」

子どもをその気にさせて、特にテストの解説をさせるようにしましょう。テストはとってきた点数結果より、あとのフォローが大切です。〝一日遅れの百点〟でよいのです。そうすれば、理解力もバツグンによくなります。そのためには、根気強さが必要です。テストはかならず見直す習慣をつけさせなければなりません。

「ここはどういうことか、もう一度説明して」とあなたも根気強く子どもにつき合ってあげましょう。

本来の解決はあなたと子どもとの合作《がっさく》でつくりだすつもりであなたがリードしていきましょう。解決に必要な確認を、あなた主導でするばかりではなく、子どもの得意分野やできそうなところは子ども主導にしてみるのです。子どもが得意顔になる機会を多く与えましょう。

⑨ 価値を増やす　～状況対応で多様化させる

多くの価値に気づかせよう

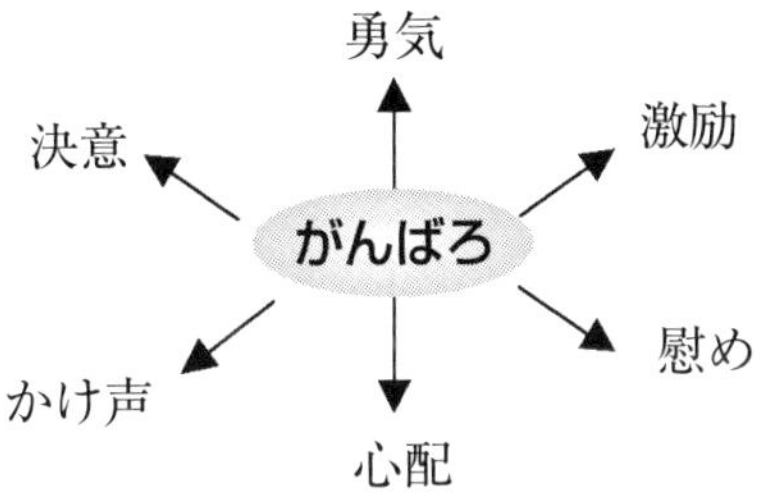

子どもは一つのものを一つの価値と考えています。特に一つの言葉には一つの意味しかないという錯覚《さっかく》があります。「がんばろう」の一言には、〝がんばって！〟という激励もあれば、〝がんばれよ～〟と心配している意味もあります。相手にではなく、〝がんばるぞ〟と自分への勇気づけをしているときもあります。〝がんばれるさ…〟と傷つく心を察し、慰《なぐさ》めているときもあるかもしれません。

あなたの柔軟性と視野の広さで子どもに価値の多様性を知らせてあげましょう。状況をどのようにとらえるかによって意味づけが変わります。意味づけが変われば多くの価値が生まれるという事実です。特に、マイナスの状況でも、少し視点を変えればプラスの価値を見つけられる場合がたくさんあることを示してあげましょう。

ポイントは実体験です。ひと夏の経験で十分です。あさがおの観察など、よくやるものでよいのです。そこからの学びは、価値への気づきの宝庫です。子どもは自分で確かめて価値を増やします。たくさんの現象、事象《じしょう》に触れさせ、見せて感じさせることです。

例えば、生きている植物には水遣《みずや》りが欠かせません。しかし、いつやってもいいというものではありません。真昼に水遣りをすれば、ぐったりとなえてしまいます。「どうして?」。タイミングによって水は生命を育む力にもなれば、気温の上昇で水はお湯になってしまい障害にもなるのです。

実体験すれば、一目瞭然《いちもくりょうぜん》。失敗からでも学べます。そして次の対策を考えることができます。自分の都合で水遣りをただすればよいのではなく、早起きしようとするでしょう。お昼に起きていたのでは、しぼんだ花しか見られませんが、早起きすれば、今朝《けさ》咲いた美しい花も見ることができます。

「明日はいくつ咲くかな、赤色は咲くかな、紫《むらさき》も咲いてね」と話しかけながら、自分から水遣りをするでしょう。

IQは気づきと創造で展開が広がっていくものなのです。

⑩確立（自立性）を示す　〜新しい問題を作成させる

子どもの自信はどこから得られると思いますか？　成功の積み重ねだけではありません。あなたがいつでもどこでもかならず隣《となり》にいてくれる、と確信できるときに最大の自信がもてるのです。子どもはいつも不安な心をかかえています。強く見えても、そう見えているだけで実際はもろいのです。やさしく温かい両手で包み込んでやらなくては自立はできません。

「お母さんに、問題出して！」と、子どもに自由な発想で新しい問題を作成してもらいましょう。そして、それをあなたが解《と》くのです。今の子どもの理解レベルの問題でよいのです。今の問題をちょっと組み直したようなものでもかまいません。

「よし、できる」「よし、やってみよう」という決意で新しい問題作成をさせてみましょう。それによって、子どもの心にしっかりとした確立（自立性）の信念が芽生《めば》えてきます。それが、あなたとの絆を深める手段であることもわかってきます。あなたが解いてくれれば、まさに実感し、絆が深まっていくでしょう。

子どもの中には自信が確立します。のびのびと新しい分野にチャレンジすることができるようになります。それができれば、自信を持ってさらに新しい分野を求めていきます。それがＩＱレベルアップへの連動となってますます活性化していくのです。

日常生活の中でひと工夫してみましょう。子どもが新しいものを創《つく》ってみたくなるように、つねにヒントを提示していきましょう。組み合わせ、組み立ての発想で新しさを求めていきましょう。あなたとの絆という、揺《ゆ》る

今までの問題

A＋B＝C

A－B＝D

↑

確立

「よし、できた」

⇨

新しい問題←不安（できるかな…）

“でもやってみよう！”

A＋B－C＝E

組み合わせにチャレンジ！

がない基礎が確立していれば、ＩＱレベルを上昇させ、さらに上昇させ続けるパワーが生み出されていきます。その基礎によって、また未知の成果を求めてＩＱは躍動を始めます。決して停滞することはないのです。

第4章

“できる子”への誘い
（AQ資質開発のメカニズム）

私たちはどんなに〝できる可能性〟を秘めていても、〝できること〟にはなりません。発揮《はっき》されてこそ、初めて〝できる力〟であり、〝できる可能性があった〟ということになるのです。いつでも、どんなときでも最善に、今の自分の実力を発揮できるようにすることをＡＱ（Ability Quotient＝資質指数）といいます。

テストで百点を取るのはいつも気持ちのよいものです。十分間の小テストでもうれしいし、期末テストで百点なら最高です。

英単語のテストはいつも百点と得意げな少年がいました。ある日、街《まち》でアメリカ人に道を尋《たず》ねられました。日ごろから英単語はしっかり暗記しています。いつも満点を取っています。英語は得意科目なのです。当然、スラスラ英語も話せると思っていました。しかし、何一つわかりません。聞くことも、話すことも思いつかないのです。英語が得意でも実際に通じる英会話はできなかったのです。学力は備《そなわ》わっていても実力があるとは言いにくいでしょう。せっかくチャンスがあっても実力が発揮できないのはなぜなのでしょう。

資質が磨かれていないからです。

資質を磨く力とは、あなたの持っている潜在可能力（潜在的に持っている可能性）や学力を状況に合わせて適切に応用し、発揮させる力です。単語力を会話力にしたり、基礎力を応用化して真の実力にしていくものです。〝できる子〟への誘《いざな》いは資質開発が十分なされるようにしていくことです。学力優秀でも実力劣等生になっては困ります。期末テストで百点もよいのですが、実力テストでトップを目指しましょう。

◆ＡＱ開発の四方向

ＡＱ開発は四方向の充実をきちんと認識しなくてはなりません。

1　技術力の革新
2　関連性の強化
3　基本の徹底修得
4　応用化の拡大

以上の四方向をＡＱ開発のリードポイントとして意識しながら周囲と自分を見つめましょう。それによって、資質機能がフル回転し、能力を実力化するように稼働《かどう》を始めます。

例えば、記憶力や理解力が一瞬にして三倍にも四倍にもなる状況をつくりだすこともできるのです。あなたなら記憶力を倍化し、実力上昇を目指すためにどんなことをしますか?

私たちは、だれでも記憶力や理解力を潜在《せんざい》可能力としてきちんと持っています。

しかし、十分機能しているか、というとそれぞれ個人差が見られます。一を聞いて十を理解する子どももいれば、十を聞いてようやく五を理解する子もいます。記憶力についても同様です。そこで、子ども自身がＡＱ開発の四方向を自覚すれば、資質が磨かれていくのです。

1 技術力の革新には実力向上を目指す

さらによい成果をあげよう！ 前回よりも高得点を取るぞ！ かならず百点獲得だ！ と実力向上を目指すことです。目標必達を目指すことも含まれます。

2 関連性の強化には計画

この内容を明日中に覚えてしまおう。一から順に全部覚えよう。ステップバイステップで一段階ずつやっていこう。時間設定を盛《も》り込んだ計画で内容把握《はあく》の戦略を練《ね》りましょう。

3　基本の徹底修得にはパターンを正確に整理してまとめる

重要度、項目別に相関図を作成してわかりやすくポイントをまとめましょう。

4　応用化の拡大には実践

基本がわかれば、次は応用問題をやって、本当に基本が頭に入っているか、理解できているか、身についているかチェックします。

気がつきましたか？

「いい点取りたい」「明日までにこれだけやるんだ」「能率よくやるぞ」「あれ？もう覚えちゃった。この問題で試《ため》してみよう」。あなたも何度も経験したことがあるでしょう。

これが「一夜漬《いちやづ》け勉強」のメカニズムです。

ＡＱ開発の四方向がきっちり押さえられています。だから、「一夜漬け勉強」は普段の勉強の二、三倍の集中力、記憶力、理解力、継続力を発揮できるのです。すでに持っている覚える力をきちんと認めて、状況の中でしっかり発揮するのです。

子どもにはいつでもどこでも「一夜漬け勉強」がお勧《すす》めです。「一夜漬け勉強」の力が発揮できるようにしてあげましょう。普段の力がその子の実力ではなく、「一夜漬け勉強」で発揮される力が本来の実力なのです。

何をするにも状況を認めることです。現状をよりよく発展させようと決断することです。そうすれば、自然に子どもの心に影響がおよび、かならずＡＱ開発の四方向が躍動します。

まず、あなたがＡＱ開発の四方向を認識しましょう。そして、〝うちの子、一番〟の〝できる子〟を確信しましょう。その影響は直接的に子どもへの刺激となって伝わります。「一夜漬け勉強」を一夜のみでなく、継続させるための刺激です。

技術力は私たちの想像以上に日々革新を遂《と》げています。目標はここまで、と固定的なものとせず、一つ達成すれば、またすぐ次のレベルへと貪欲《どんよく》に上昇のみを目指しましょう。「成果が得られない技術はない！」と言い切って目指しましょう。その信念をつねに持ち、柔軟《じゅうなん》に各分野の項目を関連づけて幅を広げましょう。発想に制限を持たせず、自由気ままに関係づけができると決めて続けましょう。かならず〝一芸は多芸に通じる〟ものです。

そのために、基本を徹底しましょう。本質・原点・原理原則をしっかりと把握《はあく》しておきましょう。基本となる基礎がしっかりできていなければ、まさに〝砂上の楼閣《ろうかく》〟。一見見栄《みば》えはするものの一個所つつかれるとみるみるうちに崩《くず》れてしまいます。理論武装も何もなくあいまいなものばかりが露見《ろけん》してしまうでしょう。

たった一つ得意分野を持っているだけで、「そうだね。もし言い換えるとすれば……」と自分の得意分野に置き換えて解決を考えることができるようになるのです。しっかりした基本から築かれた得意分野をつくることが重要です。ＩＱレベル上昇も生かされます。

◆AQ開発の四意識（リードポイント）

ＡＱ開発に向けて四方向には、それぞれ四つの意識エリアがあります。それを日常生活においてしっかり意識することがリードポイントになります。四意識はあなたと子どもの相互影響によって強固なものとなっていきます。

意識の発達と優先度には順位があります。

①認める

まず、第一は「認める」ことです。現実をあるがままに受け入れ、認めることです。思

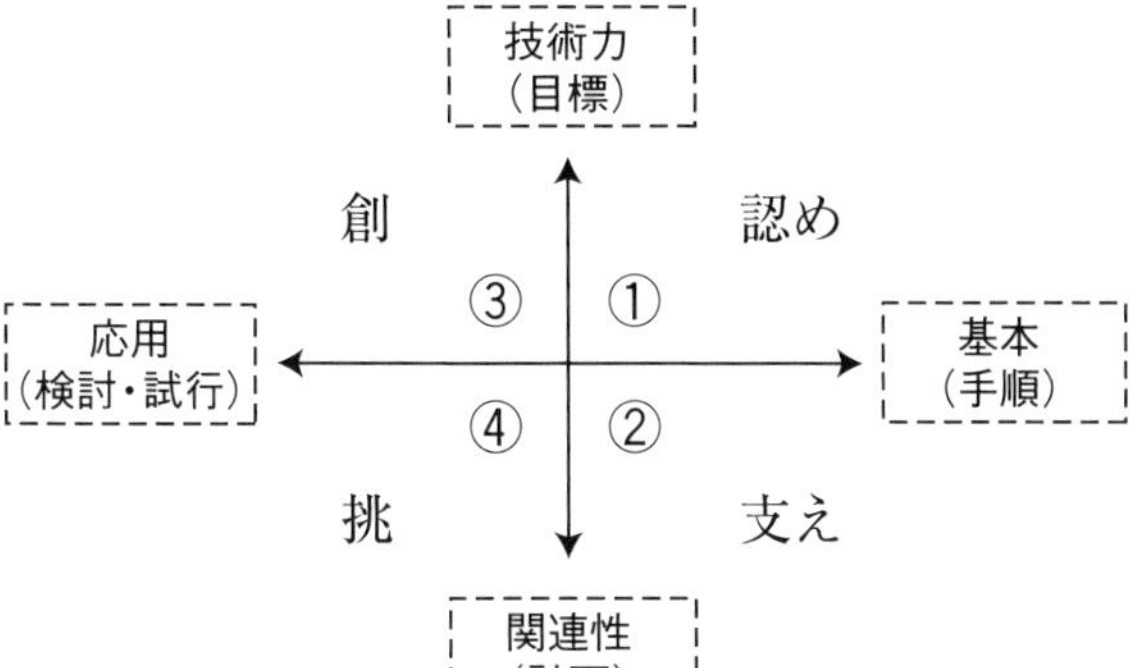

い込みや、希望で現状を見てはいけません。誤解や錯覚《さっかく》が生じます。

「一夜漬け勉強」について納得できましたか？　なるほど言うとおりだと納得はしたものの、やはりまだ例外としてしか認めていないのではないでしょうか。たまたまそうなるだけだろう、としか思わないのです。自分の知っている実力の三倍、四倍が本当に発揮できる実力なのに、普段の低いレベルに甘んじ、それを本当の自分だと思い込んでいるのです。だから、目標設定に対しても妥協《だきょう》が多く、それほど努力しなくても可能な程度のことしか目標にしようとしないのです。

「認める」意識を子どもに導くリードポイント強化法は、「見せる」「書かせる」の二つ。

★「見せる」は、本物や完成品、芸術品を数多く見せることです。データや正解も見せて視覚でしっかりとらえることで、視線を正しい方向へ、幅広く向けさせ、大きな目標、高いレベルの目標に向かって未来を目指していくことができるようになります。そして、現状の善《よ》し悪《あ》し、推進力や抑圧力《よくあつりょく》を見極める力となります。

★「書かせる」は、予習・復習をちゃんと書いてやってみる、また、思ったことを感想文に書かせてみましょう。文章にすれば本来の個性や実力も自分で把握することができます。上手下手もあり、ダメな指摘をされて心が傷つくこともあるかもしれません。そのとき、第二ポイントの「支える」意識が必要になるのです。

② 支える

子どもが一人ではできそうにないとき、怠《なま》けたくなったとき、途方《とほう》に暮れてしまったときでも、決して一人ではないことを実感させるのです。困ったときには、だれかに聞けばよい、難しいときはあなたを頼ればよい、ということをわからせるのです。自分に教えてくれる人、自分のことをわかってくれる人・存在があることで、発揮の力が変化します。ヘコタレないのです。

「支える」意識を子どもに導くリードポイント強化法は、「読ませる」「聞かせる」の二つ。

★「読ませる」は、偉人伝《いじんでん》、メルヘンなど。教科書や参考書も習ったところの勉強だと思わず、面白《おもしろ》そうだなと思うところなどもただ読ませるようにしましょう。興味のある内容からかならず記憶されていきます。時代も分野もまったく気にすることはありません。積み重ねていけば、やがて関連されてきます。ふとしたときにも連係《れんけい》しながら思い出すことができるようになります。

★「聞かせる」は、あなたの声の〝読み聞かせ〟がいちばんです。

「もう赤ちゃんじゃないんだから、読み聞かせは卒業よ！」ではなく、新聞や雑誌で目にとまった記事や子どもが興味を持っていることに関係するコラムなどを切り抜いて、読んで聞かせてあげましょう。

「こんなこと書いてあったよ。読んでおきなさい」では絶対に読まないでしょう。でも、「こんなこと書いてあったよ。読んであげるね」と言えば、絶対に「なになに？」と興味を持つはずです。そして、子どもは印象深く感じたところから空想を膨《ふく》らませながら、理解を深めていくでしょう。基本と基本を結びつけたり、本質や考え方を把握するために効果的な方法となるのです。自分一人の基本アイデアに固《こ》執《しゅう》するのではなく、仲間や成功した人たちのアドバイスを支《ささ》えにして、さまざまなものを修得《しゅうとく》していけばよいのです。

受験期には合格者の勉強法なども子どもの支えになるでしょうし、親としてのあなたにとってもヒントになり得るでしょう。

そこで、第三の意識として「創る」が芽生えてくるのです。

③創（つく）る

ヒントやアドバイスがあるからこそ、自分独自のものが発揮できるのです。〝彼はそうやってたけれど、私はこうしよう〟というように、〝よりよい成果〟を求めた創意工夫《そういくふう》となるのです。

「創る」意識を子どもに導くリードポイント強化法は、「描かせる」と「創らせる」そのものの二つ。

★「描く」ためには右脳と左脳をフル稼働させなければなりません。左右の脳がグッドバランス状態になっていないとできないのです。論理と感性の統合力が働くことによって「描く」ことが可能となるからです。〝何をどんなふうに描こうかな〟と思いめぐらせると、その思いは、さらに統合力をレベルアップさせ、実力全体の上昇を促進させます。〝何をどんなふうに……　そうだ！　あれだ！　あれをこうしてみよう〟と、今まで思いもよらないひらめきがもたらされます。それを付加しながら描くと「創造」に直結するのです。

★「創造」は、まったく新しい価値、手段をつくりだしていくことです。

学習法や日課も思いついたことをまず絵にしてみましょう。複雑で困難な状況にあるものでも描こうとしているうちに、かならず現状にピッタリ合った内容に変化していくはずです。

さて、ここまで十分意識してきました。あとは実践するのみです。正論です。これまでのことをちゃんと意識すれば、あなたも子どももきちんと実践するでしょう。

しかし、そううまくはいかないのです。なかなか実践はできないものです。意識がくじけるからです。だから、第四の意識でまとめなくては実力発揮には至らないのです。

それは、「挑《いど》む」勇気です。「挑む」心が不可欠なのです。

④ 挑む

「やってみよう」「できるはずだ」という心です。失敗したら別な方法でもう一度やればいいのだから、気楽にやればよいのです。勇気と気楽さを忘れてはいけません。そして、

「挑む」意識を子どもに導き、これまでの三つの意識とともにさらにリードポイントを強化させる方法は、「気づかせる」と「話させる」の二つ。

★「気づかせる」ためには、あなたのセンスで、「なぜ必要なの？」「どうしてこのやり方をするの？」とたびたび質問するようにしましょう。子どもはあなたの問

いかけにかならず答えます。

★それが「話させる」ことになるのです。

話すときには、ぶっつけ本番でやる場合と事前準備を整えてからやる方法と二通りあります。どちらも場の目的や状況、周囲の雰囲気を把握し、自分の要望（話したいこと）と結びつけるように工夫しないと効果的な話にはなりません。おしゃべりからスタートしても最終的には「話す」ことで意味のやりとりができるようになり、実力発揮につながるのです。

◆AQレベルアップの十テクニック

AQ意識が上昇していくことで、子どもに十の効果が表《あらわ》れます。学習においても連続的なプロセスで成長発揮の効果となります。AQ上昇のプロセスは「できる連鎖」として十ステップをたどることにより実力化につながります。

スタートは再現からです。記憶している証明です。説明も真似も十分理解していなければできません。まして、比較は長短など対照物をしっかり認識しないと、実行できません。だから一～五までくれば、一気に解決できるのです。六～十は応用・試行《しこう》として挑むための実践であり、創造のための実践です。それをさらに蓄積した知恵として生かすために十ステップを繰り返していくのです。

①再現できる→②説明できる→③真似できる→④比較できる→⑤解決できる→⑥結合→⑦統合できる→⑧応用できる→⑨保全できる→⑩展開できる

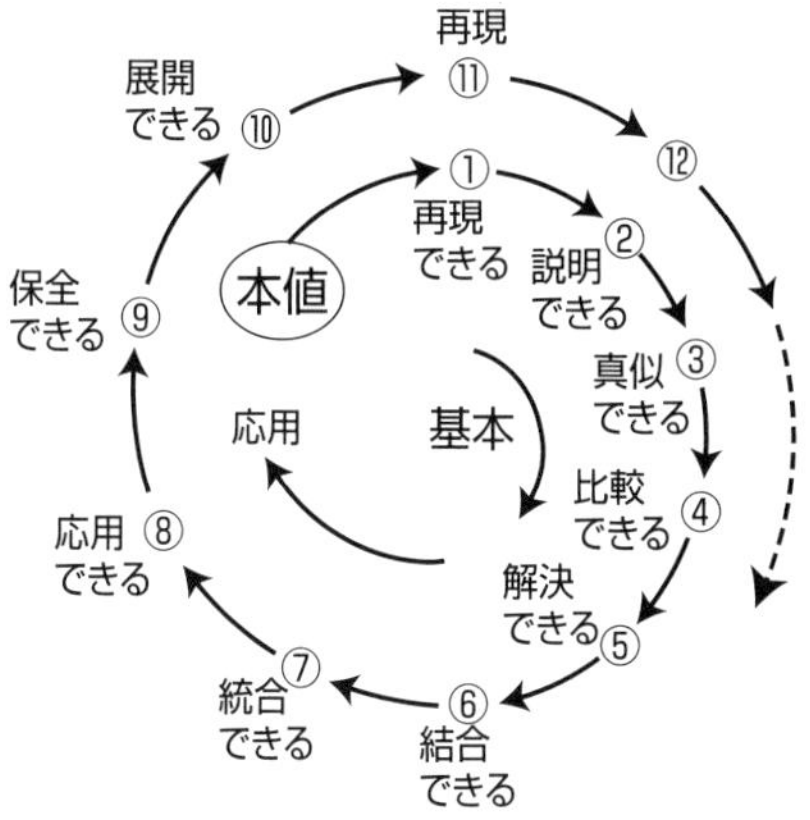

① 再現できる

子どもが勉強を始めるのに遅すぎたり、早すぎるということはありません。子どもが興味を示したときがベストタイミングです。好きな本は毎日飽《あ》きずに見ています。得意な科目は言われなくても自分から勉強します。やりたい事柄は何度でも同じことを繰り返します。繰り返すということはすべて再現です。惰性《だせい》にならないように、繰り返しは三回やったら結果から逆にチェックさせてもよいでしょう。新鮮な思いになれる工夫が必要です。

努力している証明は単純です。

「今日のテストは六十点だった〜」「何それ。ちゃんと勉強したの！」と叱《しか》る前に、「百点取りたいよね。どうすれば百点とれるかな……」

「見直ししてから、もう一回やってごらん。お母さんもやってみようか」

一度やったテストをもう一度、まったく同じ問題をやってみましょう。私たちでもはたして、百点取れるでしょうか。もし、取れなかったら、テストのあと何の努力もしていないことになります。

「次のテストはがんばりなさいよ！」と口で言われただけでは、子どもはどうがんばればよいかわかりません。また六十点かもしれません。六十五点取ればがんばったことになるのでしょうか。もちろん、新しい問題では百点はすぐに取れないかもしれません。実際の点数だけに親も子も毎日一喜《いっき》一憂《いちゆう》するばかりではなく、毎日百点を味わいましょう。それが、〝一日遅れの百点〟習慣です。

　ここでは、点数にこだわり、再現チェックを意識します。一度やったテストをもう一度やったときに百点が取れたら、子どもは内容

「がんばった」努力の証明とは

テスト実施　　　　　　　　　再テスト（同じ内容）

放　置

結果60点 ──→ 結果60点→怠けていた証明

──→ 結果100点→努力した証明

間違いのチェック
正解の把握
（現状の認知）

を理解し、自分のミスを克服して、努力したといえるのです。毎日再現チェックをすることで、認める素直さや発揮の反応速度も増していきます。

また、一日十分でよいので夕食のときなど、タイミングを見つけて、子どもの一日の様子を再現させ、話させてみましょう。

「今日は楽しかった?」では、楽しかったか楽しくなかったかのどちらかの答えしか返ってこないでしょう。「今日はどんなだった? 何が楽しかった?」と思い出させながら、上手に再現できるようにアドバイスしてあげましょう。時系列《じけいれつ》がバラバラなら、「最初は何だったの? それから次は……」と順を追って話すように促《うなが》します。子どもの発想はどんどん前進していきます。とんでもない方向に話が発展してもそれを無理に引き戻す必要はありません。あなたも一緒に楽しんで聞いてあげましょう。

② 説明できる

子どもは困ったときほど、オーバーに落ち込んだ表情をします。あなたへ一生懸命ダメだとアピールしているのです。もう力が出せないから、これ以上そのことには触れないで、と訴えているのです。

あなたは、その手に乗ってはいけません。それを認めてはいけません。

アナウンサーになったつもりで、そんなときの子どもの様子を実況中継《じっきょうちゅうけい》してみましょう。

「え～、太郎ちゃんは今、怒っているようです。どうしたんでしょう。いつもよりホッペが膨《ふく》らんでいますね。口も尖《とが》っていて、目をかたくつぶっています。泣いているのか、いや、泣いてはいないようです。カワイイです！」

子どもはますます憮然《ぶぜん》として、本当に怒ってしまうかもしれません。また、あなたに実況されるので、表情をいろいろ変化させるかもしれません。そのうち、「プッ」と吹き出すこともあるでしょう。反応はさまざまです。

　こんなとき、あなたは根気強く質問し、粘り強く子どもの答えを聞いてあげましょう。子どもは話すことで感情が解放され、冷静になって論理レベルが機能し始めます。さらに話していくと、どんどん論理レベルが上昇していきます。途中で、あなたが「それは重要なことだね」「そこんとこ、君らしい考えだね」とあいづちを打ってあげましょう。子どもの意欲がわきあがります。

　子どもにはまず、名誉を与えましょう。それから手柄話《てがらばなし》、自慢話を聞いてあげましょう。

「すごいね！　間違ってた問題、もうでき

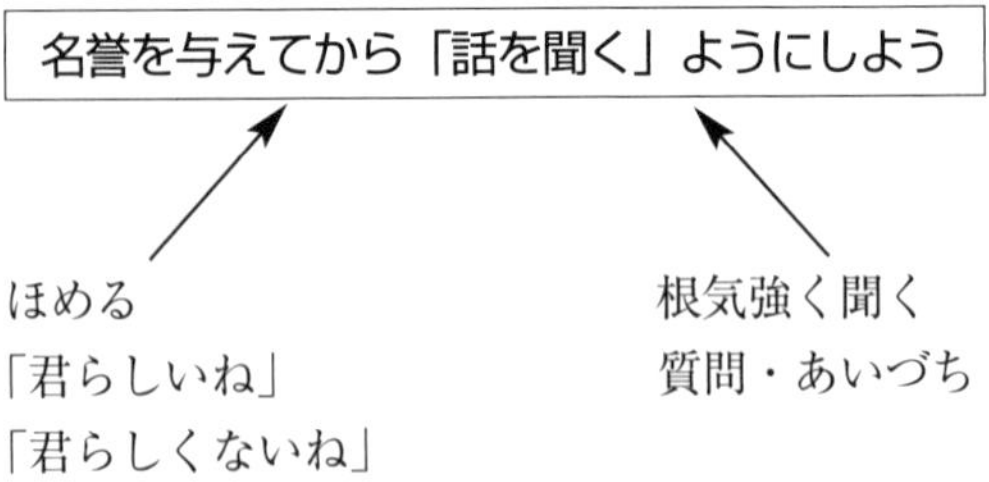

たの？　どうやってわかったの？」

「やったね！　こんな難しい問題が解けたんだ！　でも、こっちは珍《めずら》しく、君らしくないね。そう考えたんだね。どうしてかな」

子どもはしっかりとした目で自分の実力を見つめ、あらゆる視点から考えて先の予測をしながら頭の中を整えます。

③ 真似できる

子どもは真似したがりです。特に信頼できる親や先生の〝口真似〟や〝しぐさ真似〟をしたがります。歩き方や食事中の態度まで真似たりします。子どもは一度信頼感をもてば、〝自分もあんなふうにやってみたい〟〝ナイフとフォークだ！　先生はどうやって食べるんだろう〟と観察力や注意力が鋭《するど》くなり、そのやり方を素直に受け入れます。自分に取り入れようとしているので、認め方にも幅《はば》ができ、細部《さいぶ》までしっかりと気がつくようになり、認識できるようになるのです。自分も真似して、そのまま発揮することが自分をワンランクアップさせるにちがいないと思っているからです。あなたや先生との同一化なのです。

「あなたは、あの優秀な先生とそっくり（な書き方）だね」を口癖《くちぐせ》して、子どもに投げかけてあげましょう。真似はすてきな錯覚になります。一つ同じところがあればすべて同じで自分も先生のように優秀で何でもできる、という思いになるからです。

子どもには「わからないことがあったら、まず先生に聞きなさい」と先生に質問させる習慣をつけさせましょう。先生は勉強の専門家です。そして、日常生活での質問はあなた

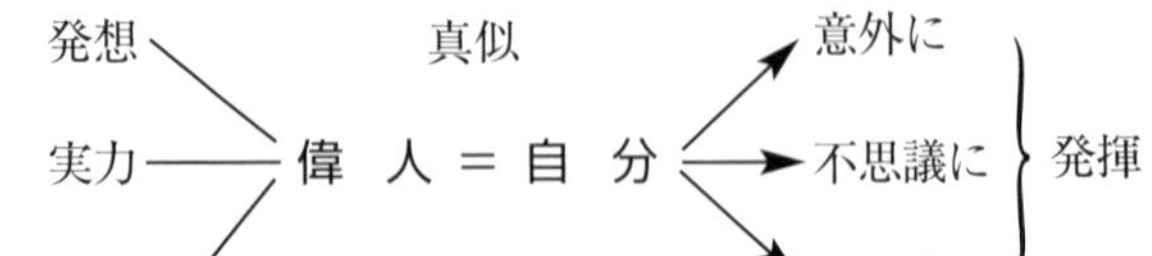

にさせるようにしましょう。「ここは先生に聞いて真似してごらん。それはお父さんを見習ってこんな感じよ」というように分野をはっきり決めて真似させることが、満点体験を多くさせるきっかけになります。

好きな科目がよくできるからといって、苦手な科目がないとは限りません。「考えたらわかるよ。やってみればできるよ」ということがわかれば、意欲的な思いで努力できるようになります。苦手なところは先生やあなたを真似るように導いてあげましょう。一から自分で努力するより、真似てやるほうが楽に決まっています。そのまま真似できるようにするだけで、成功へのパターンもできあがっていくので、自信にもつながります。「このパターンにもっていけば、できないはずはない！」。こういう形にさえなれば、あとはできるようになるんだ！」という思いは意外なひらめきや発想を引き出し、自分でも予測していなかった方法で発揮できるようになります。

一科目ずつ集中して取り組み、コツを覚えるまでは継続して努力するという方法もよいでしょう。偉い人の真似ももちろんよいことです。

④比較できる

子どもは裏表《うらおもて》の違いはもちろん、微妙《びみょう》な違いを見過ごしません。しっかりと区別しています。その基準は子ども独自のもので、大人にはわからない記号力なのです。子ども独自のチェックで実践しています。しかし、いつまでも独自の基準では困りものです。あなたがきちんとした基準を示し、正しい違いの見分け方を認識させるようにしましょう。

だれにも通用する基準にレベルアップさせるのです。そのためには、遊び心をもって固定した内容を少し変化させてみましょう。

例えば、「お絵かきしよう」というときもちょっと工夫してみましょう。いつも同じ四角い画用紙を与え、「さあ、きれいに描くのよ。はみ出したらダメよ」ではなく、一枚の画用紙を三枚の三角形に切ったものを与えて「好きなものを描いてみよう」と促しましょう。それだけで形の違いに合わせて、描きたいものはどの三角形がよいか、どの向きがよいか、と自然に構想を練ってから描こうとするでしょう。はみだしてもよいように大きな画用紙も下に敷《し》いておきましょう。できるだけ制限はせず、のびのびと描かせてあげましょう。

字を書くときも、いつも使っている子ども用のノートではなく、ときには大きな大学ノートを使わせてもかまわないでしょう。罫線《けいせん》を気にせずまた、今までの書き方にこだわることなく、好きなように書かせてみましょう。

日常生活で〝これはこうするもの〟と自然と決まってしまっているモノに変化をつけてみましょう。いつも使っている物の色や形、上下を変えてみるのも面白いものです。〝慣《な》れっこ〟はよいこともありますが、少し変えてみると、〝何かが違う。何が違うんだろう〟と意識づけられます。よく見て、違いを発見しようとするのです。テレビを見る場所、壁のポスターまで変えてみると、視線が変わり、印象にも違いが出てきます。

いろいろ変えるのが大変なときは、食卓の座《すわ》る位置を変えてみましょう。だいたい家族の座る位置は決まっているでしょうが、〝毎週土曜日だけは早い者勝ちで好きなところに座ってよい〟など、新しいルールをつくってやってみましょう。「お父さんの席からはこんなふうにテレビが見えるんだ」と違いに感動するでしょう。

また、子どもに目標を与えるときは、〝一つずつ確実にやりましょう。集中しましょう〟と一つずつ目標を与えるのが普通です。しかし、思い切って二つ以上の目標を同時に与えてみましょう。「今週のお手伝いはこれとこれ、もちろん宿題もね」「え〜、できない」と何も考えないうちから言うかもしれません。そこをうまくおだててやる気にさせましょう。子どもは方法や計画をあれこれ考えながら、それなりの工夫を始めるでしょう。それが新しい基準を引き出すコツになるのです。

遊びそのものの中でも、ジグソーパズルや絵合わせ、カルタなどは「比較」を認識させる効果的な遊びです。根気強さを養《やしな》い、達成感を味わうことができるものでもあるので、ぜひ取り入れてみましょう。難しいレベルのものを与える必要はあり

お絵かき画用紙

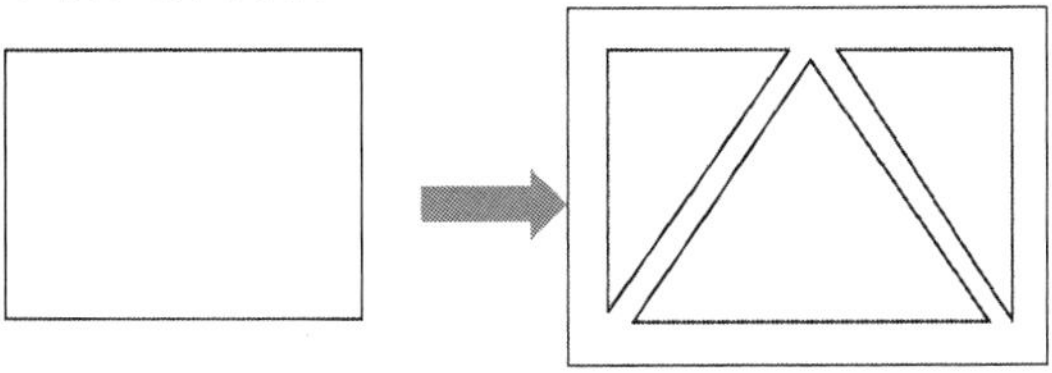

子どもノート　大学ノート

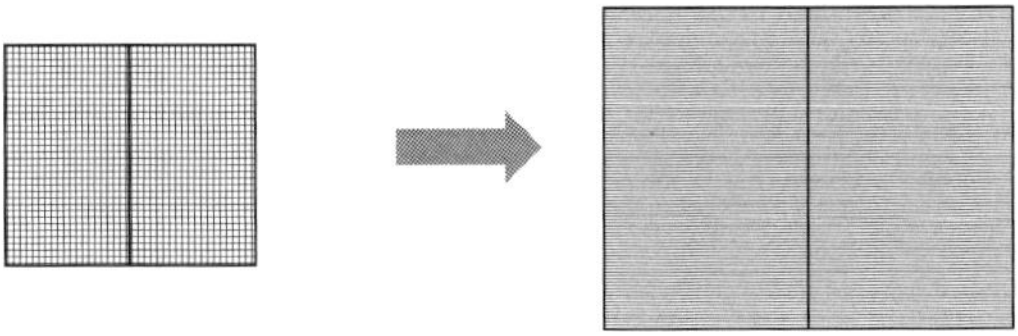

できるかな？

ません。むしろ、簡単なもジグソーパズルでも、いつも正面からではなく、右向きからでも左向きからでも、反対側からでもできるようになれば、一《ワン》ランクアップとして、新しいのを与えるようにしましょう。

⑤解決できる

子どもに「できない」「やれない」「わからない」と最終の結論を出させてはいけません。そう言ってしまえば、努力しなくてすんでしまいます。〝考えなくてよい〟〝すぐに教えてくれる〟〝楽だ〟〝自分でやるより早くできる〟〝ダメな自分を認めてよ〟。そんな怠《なま》け心と否定的固定化を防ぐためです。

「やってみれば、何とかなるよ」

「今日はできなくても、少し休んで気分よくなったらすっきり解決できるはずよ」

「一人でやったから一回目はダメだったけど、今度は協力してもらってやり直そうね」

ちょっとずるいやり方ですが、意外に効果的な解決力アップ法があります。やはり、発想を変えてみましょう。

子どもが興味を持っているものでも、一度に集中させる時間を十五分にします。

「はい、お疲れさま。今日はそこまでよ」

「えっ……短いよ」と残念がったらしめたもの。それでいいのです。そして、数分延《の》ばしてあげましょう。興味を持っているからといって、ダラダラ延ばせばよいというものではありません。かならず〝けじめ〟をつけましょう。そして、子どもの意志で時間延長を提案させ、許可するというルールにします。

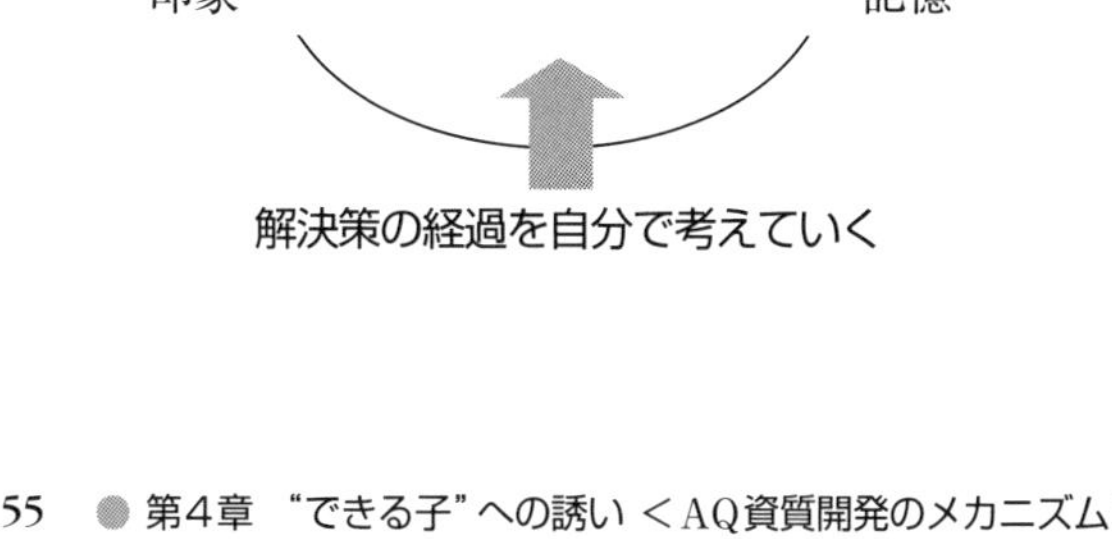

日常生活でも重要な内容は、つねに視覚に訴えられるように文字・絵・図表グラフを描かせて、壁に貼《は》っていつでも見えるようにしておきましょう。そして、ポイントになる項目は最後に言葉で教えるとよいのです。全部文字にせず、見せて聞かせる部分が必要です。

最初に見せて、最後に聞かせることを習慣化してみましょう。自然に自分一人で解決策を考え出します。

また、具体的な勉強の場面で、問題集を解くときに、一問題を二回ずつ読ませて正解だけを見せる。そしてゆっくり正解を導くプロセス（過程）を考えさせると、解決力の資質が上昇していきます。

⑥ 結合できる

〝子どものやりたいようにさせてみよう〟〝子どもの意見を尊重《そんちょう》しよう〟。決して悪いことではありません。しかし、油断すると、いたずら、でたらめになりそうです。ダラダラにもなりかねません。
　そこで、三段法です。
　言葉によって意味を整理させることを習慣化し、発揮レベルを上昇させましょう。ときどきでもかまいません。子どもが何かあなた自身やあなたの持っている物に興味を示したときなどがチャンスです。三段法に気づかせる投げかけをしてみましょう。
　あなたが万年筆を持っているときに、子どもが隣に来たら、すかさずやってください。万年筆、ボ

〈三段法〉

第1段階　子どもに3種類のペンを示す：
「これが万年筆だよ。わかった？」

子ども

なぜ → きちんと答えよう！

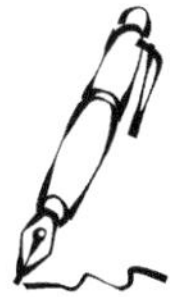

第2段階　3種類のペンを置いて子どもに尋ねる：
「どれが万年筆だ？」

なぜ → きちんと答えよう！

第3段階　子どもの様子を見て、万年筆を使いながら尋ねる：
「これは何かな？」

ールペン、筆ペンを用意します。

まず、子どもに三種類のペンを示して「これが万年筆だよ。わかった？」と話します。

次は、三種類のペンを置いて子どもに尋ねます。「どれが万年筆だ？」。そして、子どもの様子を見て、万年筆を使いながら尋ねます。「これは何かな？」

この三段法が無理なくそれぞれのペンの特徴を把握できる流れをつくりだすのです。できれば、一日に何度でもこの問いかけをやってみましょう。〝認める力〟が身についていきます。物と名前とその特徴を結合できるようになるからです。

これを実践していると、かならず子どもは〝疑問〟をいだきます。そして、確認を求めてくるのです。ここでの答え方もポイントです。

「どうして万年筆って言うの？」

「なぜ、インクがポタポタ落ちないの？」

そこで、あなたのセンスで丁寧《ていねい》に答えてあげましょう。

「どうしてもよ。そうなるものなの！」では台無《だいな》しです。

「何年も書けるから、万年筆って言うんだよ！」

「ペンの先が割れているだろう。表面張力《ちょうりょく》が働いているからポタポタ落ちないんだよ」

⑦ 統合できる

子どもが得意なのは、一つに一つの学びです。一項目を深く追求することで、集中力も、持続力も高まっていきます。反対に、一度に異なる項目、分野の違うものを統合し、第三のアイデアから新しい価値をつくりだすことは難しいものです。

しかし、現実として一項目のみで役立つことはありません。さまざまな力が絡《から》み合ってこそ、よりよく理解や実力の発揮になるものです。

英単語をしっかり学んで、何千もの英単語を記憶しても英会話上手《じょうず》になれる保証はありません。もちろん、数多くの単語を知っているにこしたことはありませんが、微妙《びみょう》なニュアンスまで伝えられるでしょうか? 歴史、文化、国民気質、宗教観を知ることで単語が会話力になるのです。

心理学も数学的理解や論理性がないと、仮説を立てたり検証することはできません。イメージのみでは学問体系を構築することはできません。子どもには、知覚からくる色彩《しきさい》、香り、形、分野を一つにまとめて新たな価値をつくりだす習慣が、AQを磨くためには不可欠なのです。

子ども部屋にさまざまな分野の本をたくさん置きましょう。異《こと》なる分野《ぶんや》を視覚で一体化させるのです。旅行計画を立てるにも、算数、国語、社会などの統合がないと時刻表も読めません。そのことを、それとなく子どもに明確に示しましょう。勉強の一つひとつは独立したものではなく、どこかで関連づけられていることをわからせるのです。だから、机上《きじょう》のものばかりが勉強ではなく、日常生活の中にも学ぶべき勉強があり、それぞれが関連していることも認識させるようにしましょう。

例えば、計画を立てるときは、時間の経過と目標としての成果を明確にさせるために、子どもと一緒に立ててあげましょう。そのような習慣づけが日常生活と勉強をつねに統合させて活用することだと示唆《しさ》しましょう。

⑧ 応用できる

夢中になることが得意な子どもには、視点を変えさせることに苦労します。解答パターンが完成しているので、明解に〝これはこれ〟と決定しているのです。

1＋2×3＝7で基本が完成すると、（1＋2）×3＝9がなかなか理解できません。1×2×3＝6と1×2＋3＝5の違いも同様です。158－76＝122と答える子どもがいます。なぜでしょうか。大きい数字から小さい数字を引くとこの答えが出ます。しかし、これでは正解にはなりません。ルールをしっかりと理解していないと応用はできません。自分流ではでたらめになってしまうのです。

日常生活でも勉強でも、ルール厳守《げんしゅ》をつねに明確にして、子どもに示しましょう。また、勉強以外にもさまざまなルールがあることを子どもに教えましょう。原則とルールを守ることができれば、応用は制限なく成功の可能性を高めていきます。

丸い卵を平らな机《たい》の上に立てるにはどうしますか？　そ～っとバランスを取るようにがんばってみても、なかなか立てることはできません。物を立てるときの原則を無視したら絶対に立てることはできません。

では、その原則とは、

1　接する面が平らであること

2　重心が下にあること

丸いものは転《ころ》がり、重心が上にあるもの（上のほうが重いもの）は横に倒れてしまうのが原則です。だから、ルールに沿《そ》って、接する面をつ

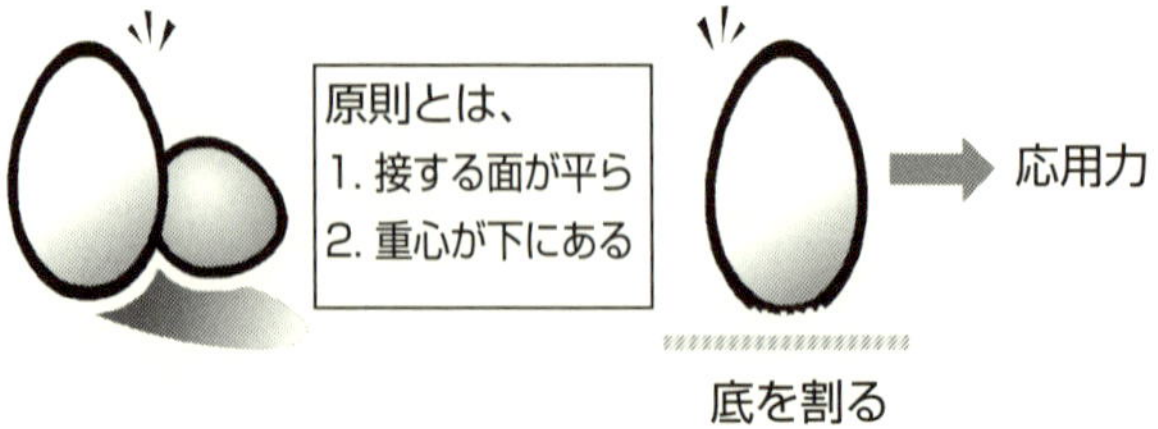

くるために、卵の底をそっと割るのです。注意深くやらないと、卵が壊れてしまいます。まさに〝コロンブスの卵〟ですね！

応用とは、つねにこの原則とルールを実践することなのです。

⑨保有できる

つねに修得した内容を維持《いじ》して自由に発揮できるようにしておかなければ、いざと言うときの実力につながりません。

子どもは新しい分野に興味が移ると、今までに習ったものを忘れがちになります。いつも前に習ったものを思い出させることによって、全体的な内容として発揮できる状態をつくるようにしましょう。ブロックを積み重ねていくようなもので、どんどん上に重ねていくと、下にあるブロックは基礎になっていきます。基礎が大事なことは言うまでもありません。今までにも述べてきたことです。しかし、ブロックの下の内側のほうに埋《うず》もれてしまうと、前面には見えなくなってしまいます。しっかりとした基礎力になってしまえば問題はありませんが、ただ埋もれて意識されないまま忘れてしまった、というのでは困るのです。

子どもには、予習よりも復習に重点を置きましょう。しかも、一学年下の問題をやらせてみましょう。当時は百点を取れなくても、今なら意外に高得点を取れるはずです。〝できた〟体験を重ねるようにしましょう。

「これ、五年生の問題よ。できて当たり前。わかってる!」とプレッシャーをかけたり、

「できなかったら、情けないよ」

「怠けてたかどうかも、すぐわかるのよ」

という脅《おど》しの言葉は禁句です。一学年下の問題と言わずに、復習問題をやってみよう、と促しましょう。

「なんだ、こんなの簡単だよ!」

「ほら、百点でしょ。ほら!」と子どもが誇《ほこ》らしげに言うのを待っているくらい

にして、「わぁ、えらい！　よく覚えてるね」「きっちりできてるね」とほめてあげましょう。そのなかで、しっかりできているところと、あいまいなところがチェックできます。

　また、市販の問題集をさせるときは、問題の少ない薄《うす》めのものを与えるようにしましょう。「全部できた！」「何冊やり遂げた」という達成感があるからです。「またできた！」「もっとないの」という思いは、意欲に直結していきます。自然にまた次をやりたくなるように、達成感と継続意欲をかき立ててあげましょう。

　練習用のノートは大きな字、大きな図表を

6年生には5年生の問題実施

保有の確立
- ① 1学年下
  (100点のよろこび・理解の満足・全体の把握)
- ② うすい問題集
- ③ 大きな字の練習長
- ④ ちいさなハンドノート

書かせるようにして枚数多く使って、勉強した達成感や努力に対する満足感を早く、大きく感じられるようにしてあげましょう。ノートを乱暴に無駄遣《むだづか》いするのはいけませんが、大きな字を書きながら、理解を深めながらまとめていくときに、「もったいない」は禁句です。

そして、ポイント整理の覚書《おぼえがき》のためにちいさなハンドノートをつくるように促《うなが》しましょう。つねにそれを見ることによって、自分でつくった満足感と記憶の定着に役立ちます。

AQのレベルアップには楽しさと満足感が必要なのです。

⑩ 展開できる

実力発揮のための最終ポイントは、展開できることです。子どもの記憶した内容を〝分析《ぶんせき》と拡散《かくさん》〟ができるようにすることです。

そのためには、すべて仮定法で子どもに質問するとよいでしょう。答えを模索《もさく》する思考《しこう》が〝分析と拡散〟のバランス状態をつくりだします。

「もし、これが右じゃなく、左についていたらどうなるかなぁ?」

「もし、これがなかったらどうなるかな」とあなたが子どもの興味、関心度に応じて投げかけてみるのです。

あなたの手伝いをさせているときなどがチャンスです。手伝いをさせながらタイミングよく語りかけると、思考スピードが速くなっていくでしょう。そして、あなたが「こうやったら、こうなっていくのよ」という予告や因果性を提示すると、さらにスピードアップしながら〝展開できる〟というAQレベルが磨かれていきます。

次の手を見せることで、思考が飛躍して先を描くことが可能になります。そして、その拡散は何手か前をさかのぼって振り返ります。分析の始まりです。

〝あのとき、こうしてこうなったから、今度もこうだ!〟

〝あのとき、こうしたから、こうなったけど、今度もこうすれば、こうなるのかな？〟。行ったり来たりを繰り返すのが論理的思考の特徴でもあるのです。

意欲がわいたり、無気力になったり、楽しかったり、沈んだり、と行ったり来たりするのが思考リズムです。うまくいくこともあるし、失敗することもあります。まさに一喜一憂のリズムが思考なのです。

展開もその繰り返しです。わかったり、わからなかったり、子どもも矛盾《むじゅん》と葛藤《かっとう》を繰り返しています。あなたからの予告や予見は〝救いの女神〟なのです。展開を意識したアドバイスを与えてあげましょう。

こうして、ＡＱレベルをさらに上昇させていきましょう。

第5章

“やさしい子”への誘い

(EQ情緒開発のメカニズム)

子どもの心は敏感です。周囲の雰囲気をすばやく感じ取り、あなたの心理変化を察知《さっち》します。敏感に周囲と調和し、あなたに受け入れられなければ生きていけないと知っているからでしょう。

子どもは〝生きる〟という目標に向かって、全力です。〝自立と依存〟のバランスの中で生きる方向をつねに模索《もさく》しています。

〝やさしさ〟は〝自立と依存〟がグッドバランスの状態で醸《かも》し出される心です。

〝やさしさ〟の反対語は何だと思いますか？　〝厳しさ〟と答えた人が多くいるでしょう。でも、それは違うのです。なぜなら、〝厳しさ〟の反対語は〝甘え〟だからです。

自立の厳しさと依存の甘えのバランスで〝やさしさ〟となるのです。〝やさしさ〟

にもレベルがあります。そのときどきで自分の〝やさしさ〟をどのように発揮したらよいのか、自然な振る舞いとして自分で行動できる子どもへ導きましょう。

EQ（Emotional Quotient＝情動指数）は、その場の状況において自分の気持ちをきちんと自覚し、何をどのようにするのが最善なのかを把握《はあく》し、自分をコントロールできる力です。そして、周囲の人々や目の前の人の気持ちや感情を推察《すいさつ》して、好転できるように対応する力となるものです。感じとめて、よりよい行動ができる力です。

あなたが怒っているときの子どもの様子はどのような状況ですか？

目にいっぱい涙をためてあなたを見つめているでしょう。やがて、シクシク泣き出し、ワ〜と泣き伏すか、あなたに近づいて傍《かたわ》らに寄り添うか、どちらかでしょう。そして、あなたの怒りを静めるように、あなたから言われた命令や指示をヒクヒクしながらやり始めることが多いのではないでしょうか。

子どもはどんなときでもあなたを優先します。あなたを優先することが子どもの〝やさしさ〟の証明なのです。その心を大きく成長させてあげれば、子どもの集団や社会の中でつねにその子らしく、他の子どもたちの個性とも調和させながら最善の行動がとれるようになっていきます。

◆ＥＱ開発の四パワー

〝やさしい子〟へ導くための〝自立と依存《いぞん》〟を獲得するために、ＥＱ開発の四パワーを自覚しましょう。自己と他者に対する関係のバランスです。

① 判断力

状況や環境が現在どのようになっているか、そして、どのような流れに向かっているか、その近

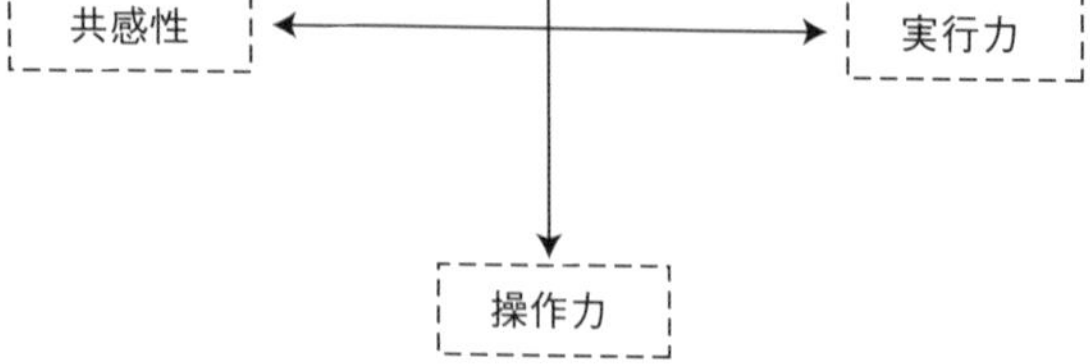

未来の予測までしっかり把握できる力です。基本として重要です。

好転や上昇に向かっているのか、沈静《ちんせい》状態か低迷化なのか、つねに判断が求められます。そして、その原因はどこにあるのか、だれの何がいちばん強い影響となっているのか、など洞察《どうさつ》する意識まで求められます。

「このままでいいのだろうか?」。この問いかけをつねに自覚することからスタートします。

②操作力

自分の感情や役割のコントロールです。あるがままの自分でいるのではなく、「最良の自分はどうすることだろう?」という自覚です。やりたくてもやってはいけないときもあるし、やりたくなくてもやらなければならないときもあるのです。ときには無理をすること、させることも必要です。しかし、心はつねに安定的な穏《おだ》やかさが求められます。

③ 実行力

実際に行動する力は不可欠です。頭の中でいくら〝やろう〟と思っても成果にはつながりません。実際にやってみなくては何ら前進も躍進もありません。

子どもは、「ほら、やってごらん」と促してもなかなかすぐにやろうとしなかったり、できるのかできないのか、わからないような感じでもじもじしたり、ためらうことが多いのです。大人に対してははにかみや恥ずかしさを感じているのです。特に見られているとか、試《ため》されていると感じないときは、子供同士、知らない大人がいても外国人でも、男女を問わずふつうに活動できるでしょう。

しかし、大切なのは、〝やらなくてはいけない〟と感じたことを感じたときにタイミングよく実行することなのです。勇気がいるのです。

④ 共感性

相手の心や感情を自分のものとして、そのまま感じとめる力です。相手が何を求めているのか、何を感じているのか、どうしたいのか、何によろこび、何に悲しみ、苦しんでいるのかを察知する力です。そして、ただ、相手の心と自分の心を一致させるだけではなく、〝自分が何をすべきか〟を感じとめることもこの力に含まれます。

運動会の百メートル競走でした。「よーい、ドン」と一斉《いっせい》に走り出します。最近は順位をつけずみんな一緒に走るところもあるようですが、私が見ていると、一着になる子もいれば、ビリになる子もいました。みんな友だち同士です。速く走れた子どもと転んだ子どもとでは勝ち負けがはっきりしています。うれしさや悔《くや》しさなどさまざまな表情が浮かんでいました。

選手がゴールすると、案内係の活躍です。選手それ

ぞれの結果順位に応じて一位、二位、三位の旗《はた》の位置に案内しています。全員が自分の役割を一生懸命果たそうとしています。スタートからずっと選手全員を目で追っている子、順位を間違わないようにゴールだけを見つめている子、そのがんばり方もそれぞれです。

そして、ゴールした選手に声をかけます。「がんばったね」「残念だったね」「もう少しだったのにね」「転んだけど大丈夫だった?」「こっちよ」。どれもやさしさによる行動です。ただ、相手の状況によって、自分がどうするのがいちばんよいのかを感じとめ、どのように行動するかはEQレベルによって変化します。

◆EQ開発の四意識(〝やさしさ〟の四つの心)

子どもに感じさせる厳しさと甘えのバランスは、あなたの示す四つの自覚と行動に影響を受けます。厳しさを与えられなければ厳しさがわからず、甘えを許されなければ甘えはわかりません。

子どもの情緒《じょうちょ》もあなたの指導によってそのものの適切さが理解されていくのです。体験がなければ実感として感じることができず、言葉のイメージのみに終始してしまうでしょう。

〝やさしさ〟はあなたから伝えられて導かれた成果なのです。〝やさしさ〟は四つの心で把握しましょう。

①うれしさ
②安らぎ } **自分中心**

③思いやり
④穏やかさ } **相手中心**

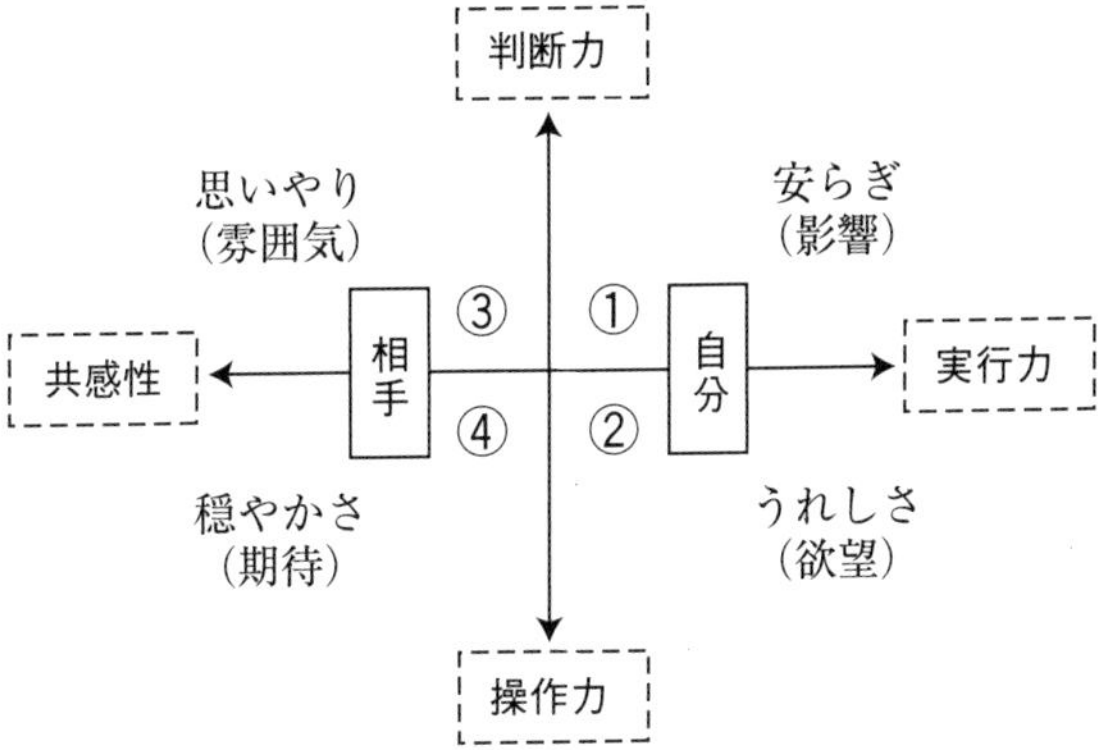

子どもにこれら四つの心を十分感じさせてあげましょう。

①うれしさ

自分の努力のすべてを楽しみましょう。よろこびましょう。目標に向かって努力を惜《お》しまない自分自身にうれしさを感じましょう。そして、「よかった！」「うれしい」「もっとがんばりたい」と自分をたたえましょう。

つらくて投げ出したい努力でも「もうちょっとだからやってしまおう」。自分自身に「うれしい心」を導くのです。努力はすべて自分の目指している目標達成のために成《な》すべきことを成しているのです。自分のしたいことをするのです。つらさを感じてもそれを「うれしい」と自覚していきましょう。それが操作《そうさ》です。それが我慢ではなく成長のステップなのです。あなたの行動はつねに前進です。

うれしさはあなたの欲望からもたらされる心です。子どもに勉強―努力の楽しさ、うれしさに気づかせてあげましょう。

〝ほめて〟あげることです。子どもの努力と成果を認めてほめてください。どんなに低いレベルでもあなたからの一言《ひとこと》がEQレベルをステップアップさせます。

② 安らぎ

リラックスの心は冷静に周囲を見つめ、客観的な基準で評価するための基本です。感情的になると主観が中心となって思い込みの基準でしか対応できなくなります。都合のよいことしか見えてこないし、聞こえません。ちょっと落ち着いた安らぎの心が行動選択には不可欠です。分析《ぶんせき》や洞察《どうさつ》にも不可欠です。

どうやって自分に安らぎを与えますか? 余裕を持つことです。たっぷりと時間、資料、協力者を得て、のびのびと計画を立てることです。そして、趣味でもペットでもあなたの好きな内容に触れることです。もちろん、何かを分かち合える相手がいることが安らぎのコツです。

子どもにとっていちばんの安らぎは、あなたとの触れ合いです。自分のことを見守ってくれて、一緒にいやなこともつらいことも分かち合ってくれる、自分の話に興味をもって聞いてくれる、困ったときはすがりついて、無条件で甘えを許してくれるあなたの存在が、ポイントです。あなたからの影響がいちばんなのです。

③思いやり

心配りであり、気遣《きづか》いです。テクニックで伝えるものではなく、相手があなたから醸《かも》し出された雰囲気に何となく感じる思いです。感じ取らせるあなたの香りです。相手は語調、表情、立ち居《い》振る舞い、まなざしで感じ取るのです。相手の心をもっとも大切にするあなたの心が原点です。相手をよりよくしたいという思いです。

思いやる心は、あなたの性格より勝《まさ》ります。無口な性格であったとしても必要なときには感情のほとばしる言葉や行動がとっさに口をついて、叫びのように発せられることがあります。自然にわきあがってくるのです。あなたがいるだけで、その場の雰囲気がぱっと明るく変わっていくのは、その影響です。

子どもには車道側を歩かせない配慮、タバコの煙《けむり》の流れが子どもに向かないように吐《は》く配慮、または吸わない注意をしている行動です。部屋掃除のときの丁寧《ていねい》な仕事、義務や権利をこえた相手を優先する心の投げかけです。

④ 穏やかさ

感情は自分の好き嫌いやイメージ、都合で接し方をそのときどきで変えてしまいます。どんな相手に対しても相手が好転化していくように、今の相手の心をくみとり、安定感のある接し方が必要です。

相手に押しつけるのではなく、無理させるものでもありません。あなたに遠慮や気遣いをする必要もないように振る舞っていくのです。相手の荒れた心が静まり、あなたの焦《あせ》る心もゆったりとなるように、穏やかに振る舞うことです。心の内側は矛盾《むじゅん》する葛藤《かっとう》で渦巻《うずま》いていても、表面は何もないかのように穏やかな印象を相手にも自分にも与えることです。

基本は笑顔です。明るさです。笑顔になることで揺れる心がおさまります。内側からほのぼのと笑顔の種が芽吹《めぶ》き出すのです。子どもにあなたの笑顔をたくさん与えてください。早く預けて仕事に行きたいと焦れば焦るほど、子どもも何やかやとあなたを煩《わずら》わせます。あなたの心が自分に向いていないことを察しているからです。急ぐときこそゆっくり、大きく動きましょう。子どもも適切な動きに変わります。心の距離が縮《ちぢ》まるように穏やかさをつくりだしましょう。

◆EQレベルアップの十テクニック

〝やさしさ〟は自分が集団や相手と調和して最良の関係をつくりだす基本です。〝厳しく〟なければでたらめになり、〝甘やかし〟のみだとわがままになります。叱るべきときには厳格《げんかく》に叱り、甘やかすときには無条件に受け入れてあげるのです。そのバランス機能として働くのが次の十項目です。それも相互に支え合い、好影響を交《か》わし合っています。

1 スマートさ
2 自己洞察力
3 自己決断力
4 自己動機づけ
5 楽観性
6 セルフ（自己）コントロール
7 愛他心
8 共感性
9 社会性
10 相互有益性

以上の充実をしっかり磨き上げましょう。

① スマートさ

〝相手の心の痛みを感じる〟ことを意味します。自分の痛みだけではなく他人の痛みもわかる力です。

遅刻をしたり、ウソをつくと相手に迷惑をかけるだろうと察したり、こうやればきっと相手がよろこんでくれるにちがいない、と先をよむこと。だれも引き受け手がない役割を自分から「私がやりましょうか」と名乗り出ること。何をするにも意思をはっきりと述べることができますが、あとからゆっくりと雰囲気や流れを見て重要性や優先順位を決めてがんばろうとします。

気配りやすばやい反応を相手や周囲が困らないように率先《そっせん》してやろうとするのです。

この心はＥＱの要《かなめ》になります。

子どもにこの心を効果的に持たせるようにするには、どのように導けばよいでしょう。〝やさしさ〟を機能させるスマートさへのリードポイントは、子どもがあなたにお願いや提案をしてきたときがチャンスです。

子どもはいつでも「あれ、やって」「これがほしい」と思い、たびたびおねだりをしてくるでしょう。遠慮がちに、探《さぐ》るように来たときに、こう言ってみましょう。

「そうだね。でも、どうして今なのかな?」と問い返します。子どもはどんな理由を話すでしょうか。どんな理由でも出て

くれば良好です。その理由に応じて、あなたの答えは「YES」あるいは「NO」、どちらでも子どもの力量に合わせて示してあげましょう。

理由を尋ねておきながら、「そんなのダメ、理由になってない」とか、全部聞かずに、「あ～ダメ、ダメそんなんじゃ。なしなし」と全面否定してはいけません。子どもは、OKしてもらえない悔《くや》しさだけが大きくなり、反抗の気持ちしか持てなくなってしまいます。相手の心を感じる余裕など芽生《めば》えるはずがありません。

また、どんなちいさな約束でもあなたや友だちと交わした約束を守ることができたときは、ほめてあげましょう。「あのマンガの本は今日返してって言われてたから、返してくる」という幼稚なことであっても、「約束の日をちゃんと覚えててえらいね。行っておいで。ケンちゃんも安心するでしょう。ありがとうも、ちゃんと言うのよ」と、送り出してあげましょう。相手がよろこんでいることも同時に伝えてほめてあげることです。

② 自己洞察力

自分の本音《ほんね》や欲望、感情を素直に把握する力です。喜怒哀楽《きどあいらく》の感情を言葉で表現できていますか？。まず自分の心に気づくことが、相手の心に気づくことになるのです。

　あなたなら自分で自分の感情を表現することが上手にでき、相手からよろこびの表現を聞くとうれしくなり、怒りを聞くと悲しくなるかもしれません。しかし、子どもは傷ついたり、ふてくされたりしたとき、そのような表情をしていても言葉で表現せずに、ごまかそうとします。言葉ではどう

言ったらよいかよくわからないときや頭が感情でいっぱいになっていて、言葉として整理できないときもあるのでしょう。言いたいのに無理に抑《おさ》えて、それをあいまいにしてしまうときもあります。

EQの基礎づくりには、表情、言葉そして感情を一致させることが重要です。子どもの自己認識は、〝本音と建前《たてまえ》〟〝陽気と落胆《らくたん》〟など極端《きょくたん》から極端へところころ動き、自己嫌悪《けんお》に陥《おちい》ることもたびたびあるのが特徴です。

そんな子どもに〝やさしさ〟を機能させる自己洞察力へのリードポイントは、学校であった友だち同士のできごとを尋ねてみましょう。子どもは自分のことは話しにくくても友だちや第三者のことなら気楽に話してくれるでしょう。自分のことではないので、話しやすいのです。リラックスして話せるでしょう。その落ち着いた心で友だちのことを話しながら、実は、自分自身を振り返ることになっているのです。

「……そうなの。それで、あなたはどう感じるの？」

「あなたならどうする？」と子ども自身に置き換えて考えさせてみましょう。そのときの状況に自分の気持ちを当てはめて、自分の心を見つめなおす機会になります。ごまかさず、気づいたことをきちんと話すようになるでしょう。自分の心がちゃんと見えてくるからです。

何かにつけて、「何が原因なのか」「ミスはないのか」「それで十分かどうか」とあらためて問いかけてみましょう。新たな発見のきっかけになるはずです。

このとき、二つ注意しましょう。「どうして？」「どうなの？」と質問責めにしないこと。そして、「……そうなの。じゃ、あなたはこうなんでしょ」とあなたが先に子どもの気持ちを表現してしまわないことです。

③ 自己決断力

自分の責任で決断することは、大人でも苦手な場合が多いでしょう。しかし、それは子どものころにＥＱレベルを上昇させておかなかったからです。もちろん、今からでも遅いはずはありません。子どもを導くのと同時にあなた自身も意識してみましょう。

決断から行動へどのような心でなされているか、振り返ってみましょう。さまざまに考え、プロセスは十分に充実させても最終決断はなかなかできないものです。いざとなると、迷いやためらいがつねに現れるからです。心が揺れ動くのです。

そこで、「先生に、やれって言われたから……」「宿題だから、塾だから……」と、自分の意志ではなく、しかたなく〝やらされている〟と、第三者からの強制的な理由づけをしてもっともらしく行動するのです。しかし、自己決断となるとあいまいになってしまいます。だらだら時間をかけすぎたり、もじもじしてなかなか発言できなかったりしてしまうのです。すべきときにできなければ〝やさしさ〟は発揮できません。〝やさしさ〟の行動にもつながりません。

〝やさしさ〟を機能させる自己決断力へのリードポイントは、あいまいさをなくすことです。子どもにも不明確、不鮮明な表現をさせないことが基本です。

「これ、やろうね！」「え〜」ではなく、「ぼくはやります」。主語と述語《じゅつご》をはっきり使って返事をさせましょう。

「できない」「やれない」と否定的なことを明言しても、それを認めてはいけません。「できる限りやります」と可能性の表現を促しましょう。

そして、子どもでもときどき大人をはっとさせるほど、しっかりとした論理で話してくるときがあります。そんなときは徹底して自己主張させてあげましょう。子どもがいつも使う言葉や表現で、子どものスピードを尊重し、受け止めてあげましょう。

急がせたり、焦《あせ》らせたりしないように、ゆったりとあいづちを打って聞いてあげましょう。ただし、内容は子どもの言い分にまかせっぱなしにするのではなく、多少の強制も必要です。毅然《きぜん》とした態度で示してあげましょう。

④自己動機づけ

自分で自分のやる気を引き出す力です。楽しくなければやる気にはなれません。子どもに〝やりがい〟を求めるのはやや厳しいでしょう。欲望を満たす楽しさを示しましょう。それを子ども自身が〝そうしたい〟と思わなくては機能しません。

「夏休みの研究で賞をとろう」「よし、とろう！」

「早くこの宿題は終わらせてゲームをしたい」「よし、やろう！」

子どもにも名誉《めいよ》があります。尊重されるべきことがあるのです。そのため、特別扱いされたい思いや優秀だと思われたいのです。その心を大切に認めてあげましょう。

たとえ、どんなにちいさな目標であっても、始めた以上は終了し、目標どおりの成果が達成できるまで中断せずに継続させましょう。子どもは連続より断続を好みます。目標は達成したいけれど、目の前の誘惑に負けたり、すぐ飽《あ》きて、やったりやらなかったりするのです。それでも最終目標が達成できればよいでしょう。継続を意識させましょう。

〝やさしさ〟を機能させる自己動機づけへのリードポイントは、具体的成果を示してそれまでの努力をきちんと認めてほめてあげることです。ただ、「よくやったね～」

だけでは、子ども心にも、口先だけのお世辞にしか思えないでしょう。〝ちゃんと見てよ。ほら、ここがすごいんだよ。できたでしょ。もっとほめて、ほめ方がたりないよ〜〟という心の叫びを聞き逃《のが》してはいけません。

例えば、子どもの記念日をたくさんつくってあげるのも、よい成果に向けて意欲を引き出すことになります。努力の期間やきっかけの目安になるでしょう。

「今日は、初○○。おめでとう。今日からがんばれるね」

「これが全部できたら、完成おめでとう会をやろうね！」

「この日が、夏休みの宿題完成おめでとう会、そうしたら、あとは思いっきり遊べるね」

また、子どもが自慢したくなるような体験をたくさんさせてあげましょう。映画・観劇・美術館や博物館・テーマパークでの実体験の機会を多くつくってあげましょう。

「ミュージカルの『キャッツ』を見てきた。本物のネコみたいだった。そばに寄ってきたときはすごく怖《こわ》かったけど、面白かったよ」という感想が子どもの口から自発的に出てくるように、あなたが見たいからついでにつき合わせるのではなく、子どもの興味を重視してあげましょう。

⑤ 楽観性

反対語は〝悲観性〟です。「ダメだ」「できない」「どうせ、私なんか……」の連発です。

「がんばるぞ」「最後までやり通すぞ」と力を入れるより、最初から否定のほうが、努力しないですむ分、楽なのです。ちょっとやっただけで、「ほら、やっぱり、無理でしょ」「できないって最初から言ってるでしょ」と開き直り、マイナスの自分を正当化して単純に楽を求めて投げ出します。

しかし、同じ楽でも気楽な根気強さを発揮することもできます。

「何とかなるよ」「やれるところまで、やってみようか」程度でよいのです。

スタート時点では、〝できそうな気がする〟とさえ思えればよいのです。根拠《こんきょ》は？　自分でそう感じたから、というだけで十分です。「絶対、できなければならないことなんだ」と重く考えてしまうと、最初の一歩さえなかなか踏み出せなくなってしまいます。

途中でやめたくなったときも、重く始めたときは「あ〜、もうだめだ。やっぱりできない。もう、打ち切りだ」とすぐにやめる決断をしてしまうでしょう。その点、気楽に始めていれば、「もう、打ち切りだ」とすぐに決断せずに、「……でもここでやめるのは、ちょっと惜《お》しいかな。もうちょっとやりたい気持ちも残ってるんだけどな〜」と反対に決断が鈍《にぶ》り、あとを引く思いが残るのです。そして、何となくでも続けていれば、〝継続は力〟になるものなのです。

〝やさしさ〟を機能させる楽観性へのリードポイントは、〝粘り強さ〟を教えましょう。

「英語、習いたい」と子どもが言ってくれれば、「しめた！」。あなたの思う壺《つぼ》！

うれしいでしょう。でも、子どもの要求に応じて即答《そくとう》はしてもすぐに実行は避けましょう。一週間は最低でも待たせるのです。待つことの〝粘り強さ〟は継続への大切な経験です。

「英語、習いたいの。いいことだね。こんなにいいことは、いちばんよい方法で習えるように、お父さんとも相談してからにしましょう。いつから、どこで習うか一緒に考えようね」

また、結果はいつも成功とは限りません。いくら粘り強くやってもうまくいかないときもあります。子どものちいさな失敗

は日常茶飯事《さはんじ》ですが、あなたの気持ちで、その場で注意し、原因を聞いて反省を促すのがいちばんよい方法です。大きな失敗は、子ども自身も落ち込んでいるでしょうから、最初は「大丈夫よ」と安心感を与えて、時間を置いてからしっかり話を聞いてあげるようにしましょう。

結果に対しては、〝どうでもよい〟という楽観性は困ります。どのような努力がその結果をもたらしたかを明確にしなければなりません。怠けていれば毅然《きぜん》と叱《しか》らなければならないのです。そこで、子どもは言い訳《わけ》をするでしょう。子どもには子どもの論理があります。しかし、あなたは子どもの話をすべて受け入れながら、理由と言い訳はちゃんと区別しましょう。そして、子どもながらに〝あっぱれ！〟と思うようなうまい言い訳なら、認めてあげましょう。しかし、あくまでも言い訳は、それ自体正当化できるものではありません。きちんと自覚させるようにしましょう。

「必要と思わなかったから」

「嫌いな相手とグループにされたから……」

「重要なことだと知らなかったんだ……」

「やり方を聞いてなかった……」

みんな言い訳でしかありません。楽観的に認めるわけにはいきません！

⑥セルフ（自己）コントロール

どんな状態でも自分を最適な状態に向けさせる力です。子どもはまだまだ未熟です。成長途上《とじょう》です。不安や恐怖、孤独感、焦燥《しょうそう》、後悔《こうかい》などの心を強く持ってしまうものなのです。それを安定的で、自分本来を発揮できる状態に転換する力です。

目標を目指していても、すぐに諦《あきら》めて

しまうときがあります。それを子ども自身が自分で軌道修正《きどうしゅうせい》して再び目標に向けてがんばる力を持たせたいのです。そのためには、〝この目標は自分で決めたこと〟という自覚が大切です。しかし、子どもの目標は自分で設定することはあまりなく、たいていあなたや学校の先生、塾の先生から与えられるものが多いでしょう。それでも、それを自分の決めた自分の目標だと思える心が必要です。言い換えれば、たとえ苦手な科目、不得手《ふえて》な単元であっても少しでも楽しめるところを発見して、自分の心を調整できるようにすることです。

〝やさしさ〟を機能させる自己コントロールへのリードポイントは、軌道修正のきっかけをどのように与えるとよいか、という点から考えましょう。

夢を持つとき、大人なら「大きな夢を持て！　大きいほうがよい」という錯覚《さっかく》があります。夢と幻《まぼろし》を混同している場合です。しかし、子どもの夢は、ちょっと努力すれば達成できる程度のものを目標として持てばよいのです。簡単な子どもの言葉で表現すれば十分です。

そして、途中経過や進捗状況《しんちょくじょうきょう》などのチェックや評価も本人にさせるのがいちばんです。子どものうちに責任感を持たせることができます。

ただ、我慢して何かをさせることではない点を注意しましょう。子どもの使っている言葉をよく注意して聞き、マイナス表現（否定語）が多ければ、言葉の置き換えを促してあげましょう。

「雨だから、勉強が終わっても外で遊べないや」

「雨だから、勉強が終わったら脳トレゲームで遊べるな」と自己をコントロールする心を働かせ、積極性をつくりだせるように導きましょう。

⑦ 愛他心

自分のことを好きなのと同じくらい、相手のことも大切な存在と思う心です。自分のことだけ好きと思うなら、自分勝手になってしまうでしょう。一人ひとりの考え方や個性を大切に認める心が重要です。

子どもは自分がいちばん大切で、二番はありません。一生懸命自分中心にしないと生きていけないからです。それでもあなたが頼めば、あなたを優先してくれるでしょう。だれかが困っていれば、手を貸してやったり、アドバイスをしたくなったり、世話を焼いたりするものです。面倒《めんどう》な役回りでも頼まれたら断れず、ついつい引き受けてしまうでしょう。その場の雰囲気が壊れないように、気を使い、工夫を模索《もさく》しましょう。相手の心が傷つかないように配慮を欠かしません。子どもは意外に純情な心も持っているのです。

〝やさしさ〟を機能させる愛他心へのリードポイントは、自己愛と愛他のバランスをどう与えればよいかを考えましょう。失敗の原因を他人や状況のせいにさせないことです。非の原因はすべて自分にあることに気づかせましょう。

マイナス状況と思っても、思ったのは自分です。マイナス判断にする判断基準をもっているのは自分自身なのです。その基準を新たにプラスのものにするには、子どもが実践したことで相手がよろこんだり、楽しんだりと好展開になった報告をしてあげることです。

例えば、助かったこと、うまくいったこと、勝利したこと、さまざまな友情が感じられるできごとをたくさん話してあげましょう。もちろん、友人の話ばかりではなく、偉人のエピソードでも大いに効果があります。あなたのセンスで子どものEQの基準をレベルアップさせましょう。

⑧ 共感性

配慮や思いやり、気配りができるための基本です。相手の感情や考え方、今の気持ちを自分の思いとして自分のことのように感じ取れる力です。

表面的な怒りや悲しみということがわかるだけではなく、相手の心そのままを感じられることです。映画やアニメを観《み》ても主人公や登場人物になりきったり、感情移入できることです。

子どもはよくテレビアニメを観ながら「……かわいそう~」とわんわん泣いたり、しくしく泣いたりしています。本を読んでもじ~んときているのか、涙をためているときがあります。怒ったり、ブツブツ文句を言っているときもあります。友だちが困っているときは、気にしてすぐに声をかけてあげたり、相手が困るだろうな、と思うことは口に出さずに我慢します。そんな子どもの様子をあなたも見ることがあるでしょう。それでいいのです。共感性が機能している状況です。

さらに〝やさしさ〟を機能させる共感性へのリードポイントは、二つの視点からのアドバイスを心がけましょう。〝緊張と希望〟のアドバイスです。

「失敗しないように、注意しなさい」という緊張のアドバイスと、「失敗してもその中から学ぶことはできるから、しっかりやってみよう」という希望のアドバイスです。

〝緊張と希望〟のアドバイスは、何をどうすればよいかを考えるときに、事象《じしょう》そのものだけではなく、人の心にも気づかせることになります。

〝なぜあの人にあんな態度をとるのかな？　自分もそうするかな？　相手はどう

思っているんだろう？　どうすればいちばんいいのかな？〟と自問自答させ、相手の行動理由や感情を考えて話をさせるようにしましょう。また、自分自身の感情についても言葉で表現させてみましょう。相手も心ある存在であることを知らせることによって、相手の気持ちを察することができるようになります。

⑨ 社会性

集団生活や日常生活で、自分がその一員であると自覚し、メンバーとして、よりよく営《いとな》むことへの誠実な思いです。マナーやルールをきちんと守る気持ちです。その場、状況に応じて適切なあいさつや言葉遣いを正しくしようとすることです。人間関係を円滑《えんかつ》にし、無駄な摩擦《まさつ》や葛藤を起こさず絆《きずな》を深めて、ともに生きようとする誠意です。朝の挨拶《あいさつ》、呼ばれたときのけじめある返事、だれとでも一緒に遊び、つき合えるようにがんばることです。不得意なことでもみんなと力を合わせて一生懸命参加し、役割遂行《すいこう》のために全力を尽くす、仲間の中でリーダーシップを発揮しようとする力です。

子どもが社会性を学ぶのは、まず家庭においてです。その後、幼稚園などで集団生活を経験するようになり、本格的にさまざまな組織で学ぶことになります。しかし、集団での経験がＥＱレベルとして身についているかどうかは、かなり差が出てくる機能です。

〝やさしさ〟を機能させる社会性へのリードポイントは、グループ行動や共同作業をする機会を多く与えましょう。お手伝い程度ではなく、グループの一員として対等の立場でそれぞれに役割を与え、分担作業

をさせるようにします。どのように協力すればよいかを教えるとともに、どのようなことはしてはいけないか、ルールやマナーをケースに応じて教えましょう。ちょっとしたいざこざや喧嘩《けんか》が生じたら、みんなで考えるよい機会にしましょう。そして、楽しくできた結果を伝え、ほめてあげましょう。評価するときは、兄弟姉妹や友だちを引き合いに出して他人と比べるような言い方をしてはいけません。

「○○ちゃんはテキパキと動いていたのに、あなたは……」とか、「○○ちゃんはちいさい子の面倒をよくみていたのに、あなたは……」のような言い方はせず、現時点でのレベルとして把握しておきましょう。そして、よく協力できていた子どもの動きに気づかせるようにしておきます。

「○○ちゃんはこのとき、こんなふうにしていたよ」という程度です。最初からもっと周《まわ》りを見よとか、もっと気を利《き》かせよなどと、高いレベルを求める必要はありません。普通に周りと楽しくやっていける当たり前のレベルから、徐々《じょじょ》にレベルアップしていけるようにしましょう。相手にも自分にもいつも好感と意欲を与えられるようになることを目指しましょう。EQ開発における重要な機能です。

⑩ 相互有益性

自分だけが得《とく》をするのではなく、つねに相手にも何らかのメリットがあるように考える心です。子どもはまったく自分中心です。自己利益を中心に考えます。相手に与える利益のために、自分が何かするというのは〝犠牲〟と感じることが多いものです。〝損をする〟という感覚です。相手のために何かをするときは、損得で考えるのです。〝やれば、ご褒美《ほうび》がもらえる、やら

なければ、叱られる、どちらが損か得か〃という駆け引きです。

損得ではなく、相手から「ありがとう」と言われることが、自分にとっても「よかった、うれしい」と思える結果として努力できることが大切です。

また、割り切る心も大切です。みんなが〃お山の大将になりたい〃〃自分の意見を通したい〃と主張したら、衝突《しょうとつ》は避けられません。ホームルームなどでは、異なる意見が多く出ます。子どもは、意見の対立を人物にまで言及して、いじめの対象にしてしまうことがあります。

対立しているのは意見そのもので、そのテーマに対するその場だけのことで、それ以外のところではふつうに対応できる心の機能が必要なのです。ちょっとしたことで、恨《うら》みやマイナスを助長させ、蓄積させて〃根に持つ〃ことがないようにしなければいけません。この心が芽生えず、成長できていないために、驚くような事件が起こっています。

子どもに相互メリットをどう感じさせればよいでしょう。

〝やさしさ〟を機能させる相互有益性へのリードポイントは、茶化《ちゃか》したり、皮肉を言わないことです。がんばっている相手を見て、自分も応援する気持ちがあるのに、ついうっかり冷やかしの言葉を言ってしまうときがあります。

「なんだ～、そんなつまらないことに、必死になってるのか……、バカみたい」「いいぞ、やれやれ。ほら、みんな見てやれ！　久しぶりに○○が燃えてるぞ～」などと、言ってるほうは周りの笑いを取ることに意識が向いていて、ユーモアのつもりなのですが、言われたほうはたまりません。恥ずかしいやら憎《にく》らしいやら、その一言で傷ついてしまい、自分を閉《と》ざしてしまう場合もあるのです。

しかし、友だちを茶化した本人もどこかで、より強い立場から同じようにされているのかもしれません。大人自身が家庭や子どもの周囲で使う言葉もよく注意しておきましょう。「生意気《なまいき》だ」「おませだ」「大人びている」などの表現は避け、相手を思いやった、やさしさやたくましさをほめる言葉を多く使うようにしましょう。

また、子どもの幼児性を皮肉るような表現も避けましょう。結果として、幼児性を長く引きずり、自立を阻《はば》むことになります。

「まだまだ子どもだね。かわいいけど赤ちゃんと一緒だね」「お母さんがいないと、何もできないのね」という言葉を言われると、子ども心にも傷ついて、ずっと頭から離れなくなってしまいます。〝自分はダメなんだ〟〝一人では何もできないんだ〟と思い込んでしまうのです。かわいがっているつもりでも子どもには逆効果になっている場合があるので、要注意です。「よく、がんばってるね」「すごいね」「なかなかやるなぁ」という言葉を一日に何度もかけてあげることです。そして、あなたのEQセンスで、こうすればもっとよくなるワンセンテンスアドバイスをしてあげましょう。

「いいね。もっとステキになる方法を教えてあげようか……ここはこうだよ。あとは自分で工夫してみな!」「そうそう、それでいいんだよ。ここだけ、もう少しこうして」という具合にアドバイスをしてあげましょう。きっと子どもは目をきらきら輝かせてさらに意欲を燃やすでしょう。

おわりに

子育てに絶対正しい方法は見つけられません。その子ども独自の個性にどれだけ私たちが対応していけるかという可能性への挑戦です。しかし、個性と言うにはあまりにその幅は広く、深く、簡単に対応しきれるものではありません。それでも私たちは育てる影響を子どもに与え続ける立場にいるのです。

子育ては、わからなくても放棄《ほうき》することは許されません。難しくても中断できません。

期間が区切られているわけでもなく、時の流れや状況に応じて形を変えながら生命ある限り子どもに与え続けなければならないのです。

そんなとき、心理学はあなたと子どもに最善のヒントを与えてくれます。悩みながらでも迷いながらでもかまいません。でも、あなたの味方になれることが必ずあります。

親子がお互いの心を見つめながら、自分を育て、子どもを育てる――それが私たちの一生のテーマなのです。親は、親自身の心を磨きながら〝うちの子、一番〟の思いを注ぎ、それに応えて子どもが成長してくれることを願うのです。そして、共に心を支えながら社会の中で生きていくのです。

自分だけじゃない、すべての人が日々同じ思いで子どもに接している、そのことを〝子育て〟は私たち一人一人に思い出させてくれます。

本書作成に、多大なご支援をいただいた第三文明社のみなさまに感謝申し上げます。

NPO法人アティスカウンセリング協会
Dr. 鈴木丈織

ドクター・ジョージの子育て心理学

わかる子《こ》・できる子《こ》・やさしい子《こ》

2007年2月27日　初版第1刷発行

著　者　鈴《すず》木《き》丈織《じょうじ》

発行者　大島光明

発行所　株式会社　第三文明社

東京都新宿区新宿1-23-5　〒160-0022

電話03-5269-7145（営業）　03-5269-7154（編集）

振替00150-3-117823

URL　http://www.daisanbunmei.co.jp

印刷所　中央精版印刷株式会社

ISBN978-4-476-03295-6